法学研究

CHINESE JOURNAL OF LAW

法学研究 专题选辑　陈甦 / 总主编
CHINESE JOURNAL OF LAW

《法学研究》
十年画像
（2012-2021）

PORTRAIT OF *CHINESE JOURNAL OF LAW*
FROM 2012 TO 2021

孙思阳　著

社会科学文献出版社
SOCIAL SCIENCES ACADEMIC PRESS (CHINA)

总　序

　　回顾与反思是使思想成熟的酵母，系统化的回顾与专业性的反思则是促进思想理性化成熟的高效酵母。成熟的过程离不开经常而真诚的回顾与反思，一个人的成长过程是如此，一个学科、一个团体、一本期刊的发展过程也是如此。我们在《法学研究》正式创刊40年之际策划《〈法学研究〉专题选辑》，既是旨在引发对有关《法学研究》发展历程及其所反映的法学发展历程的回顾与反思，也是旨在凝聚充满学术真诚的回顾与反思的思想结晶。由是，《〈法学研究〉专题选辑》是使其所刊载的学术成果提炼升华、保值增值的载体，而不只是重述过往、感叹岁月、感叹曾经的学术纪念品。

　　对于曾经的法学过往，哪怕是很近的法学过往，我们能够记忆的并非像我们想象的那样周全、那样清晰、那样深刻，即使我们是其中许多学术事件的亲历者甚至是一些理论成就的创造者。这是一个时空变化迅捷的时代，我们在法学研究的路上走得很匆忙，几乎无暇暂停一下看看我们曾经走过的路，回顾一下那路上曾经的艰辛与快乐、曾经的迷茫与信念、曾经的犹疑与坚定、曾经的放弃与坚持、曾经的困窘与突破，特别是无暇再感悟一下那些"曾经"中的前因后果与内功外力。法学界同仁或许有同样的经验：每每一部著述刚结句付梓，紧接着又有多个学术选题等待开篇起笔，无参考引用目的而只以提升素养为旨去系列阅读既往的法学精品力作，几为夏日里对秋风的奢望。也许这是辉煌高远却又繁重绵续的学术使命造成的，也许这是相当必要却又不尽合理的学术机制造成的，也许这是个人偏好却又是集体相似的学术习惯造成的，无论如何，大量学术作品再阅读的价值还是被淡化乃至忽略了。我们对没有被更充分传播、体现、评价及转化的学术创造与理论贡献，仅仅表达学人的敬意应该是不够的，真正的学术尊重首先在于阅读并且一再阅读映现信念、智慧和勇气的学术作品。《〈法学研究〉专题选辑》试图以学术史研究的方法和再评价的方式，向学界同行表达我们的感悟：阅读甚至反复阅读既有成果本该是学术生活的重要部分。

我曾在另外一本中国当代法学史著作的导论中描述道：中国特色社会主义法治建设之路蜿蜒前行而终至康庄辉煌，中国法学研究之圃亦蔓延蓬勃而于今卓然大观。这种描述显然旨在鼓舞而非理解。我们真正需要的是理解。理解历史才能理解现在，理解现在才能理解未来，只有建立在对历史、现在和未来的理解基础上，在面对临近的未来时，才会有更多的从容和更稳妥的应对，才会有向真理再前进一步的勇气与智慧。要深刻理解中国法学的历史、现在以及未来，有两种关系需要深刻理解与精准把握：一是法学与法治的关系，二是法学成果与其发生机制的关系。法学与法治共存并互动于同一历史过程，法学史既是法律的知识发展史，也构成法治进步史的重要组成部分。关于法、法律、法治的学术研究，既受制于各个具体历史场景中的给定条件，又反映着各个历史场景中的法律实践和法治状况，并在一定程度上启发、拨动、预示着法治的目的、路径与节奏。认真对待中国法学史，尤其是改革开放以来的法学史，梳理各个法治领域法学理论的演进状态，重估各种制度形成时期的学术供给，反思当时制度设计中背景形塑和价值预设的理论解说，可以更真实地对法治演变轨迹及其未来动向作出学术判断，从中也更有把握地绘出中国法学未来的可能图景。对于既有法学成果，人们更多的是采取应用主义的态度，对观点内容的关注甚于对观点形成机制的关注。当然，能够把既有学术观点纳入当下的理论创新论证体系中，已然是对既往学术努力的尊重与发扬，但对于学术创新的生成效益而言，一个学术观点的生成过程与形成机制的启发力远大于那个学术观点内容的启发力，我们应当在学术生产过程中，至少将两者的重要性置于等量齐观的学术坐标体系中。唯其如此，中国法学的发展与创新才会是一个生生不息又一以贯之的理性发展过程，不因己悲而滞，不因物喜而涨，长此以往，信者无疆。

作为国内法学界的重要学术期刊之一，《法学研究》是改革开放以来中国法学在争鸣中发展、中国法治在跌宕中进步的一个历史见证者，也是一个具有主体性、使命感和倡导力的学术过程参与者。《法学研究》于1978年试刊，于1979年正式创刊。在其1979年的发刊词中，向初蒙独立学科意识的法学界和再识思想解放价值的社会各界昭示，在办刊工作中秉持"解放思想、独立思考、百家争鸣、端正学风"的信念，着重于探讨中国法治建设进程中的重大理论和实践问题，致力于反映国内法学研究的最新成果和最高学术水平，热心于发现和举荐从事法学研究工作的学术人才。创刊以来，《法学研究》虽经岁月更替而初心不改，虽有队伍更新而使命不坠，前后8任主编、50名编辑均能恪守"严谨、务实、深入、学术"的办刊风格，把《法学研究》作为自己学术生命的存续载体和学术奉献的展示舞台。或许正因如此，《法学研究》常被誉为"法学界风格最稳健、质量最稳定的期刊"。质而言之，说的是刊，看的是物，而靠的是人。我们相信，《法学研究》及其所刊载的文章以及这些文章的采编过程，应该可以被视为研究中国改革开放以来法学发展、法治进步的一个较佳样本。也正因如此，我们有信心通过《〈法学研究〉专题选辑》，概括反映改革开放以来中国法学发展的思想轨迹以及法学人的心路历程。

本套丛书旨在以《法学研究》为样本，梳理和归整改革开放以来中国法学在一个个重要历史节点上的思想火花与争鸣交织，反思和提炼法学理论在一个个法治建设变奏处启发、拨动及预示的经验效果。丛书将《法学研究》自创刊以来刊发的论文分专题遴选，将有代表性的论文结集出版，故命名为"《法学研究》专题选辑"。考虑到《法学研究》刊发论文数量有限，每个专题都由编者撰写一篇2万字左右的"导论"，结合其他期刊论文和专著对该专题上的研究进展予以归纳和提炼。

丛书专题的编者，除了《法学研究》编辑部现有人员外，多是当前活跃在各个法学领域的学术骨干。他们的加入使得我们对这套丛书的编选出版更有信心。

所有专题均由编者申报，每个专题上的论文遴选工作均由编者主要负责。为了尽可能呈现专题论文的代表性和丰富性，同一作者在同一专题中入选论文不超过两篇，在不同专题中均具代表性的论文只放入其中的一个专题。在丛书编选过程中，我们对发表时作者信息不完整的，尽可能予以查询补充；对论文中极个别受时代影响的语言表达，按照出版管理部门的要求进行了细微调整。

不知是谁说的,"原先策划的事情与实际完成的事情,最初打算写成的文章与最终实际写出的文章,就跟想象的自己与实际的自己一样,永远走在平行线上"。无论"平行线"的比喻是否夸张,极尽努力的细致准备终归能助力事前的谨慎、事中的勤勉和事后的坦然。

我思故我在。愿《法学研究》与中国法学、中国法治同在。

陈　甦

2022 年 9 月 4 日

于沙滩北街 15 号

序

　　《法学研究》为中国社会科学院主管、法学研究所主办的法律学术刊物。《法学研究》前身为中国政治法律学会于1954年创办的《政法研究》。改革开放后，为了繁荣和发展我国的科学文化事业，加强法制建设，推动法学研究的开展，1978年3月，法学研究所召开了法学研究规划会议，后组织两个调查组分赴各地调查，撰写了名为《法学研究规划和调查综合情况》的报告，提出"力争在今年年底以前恢复《政法研究》的出版"的建议。1978年法学研究所正式挂牌后，经中共中央宣传部、中国社会科学院领导批准，决定创办《法学研究》。同年，法学研究所设立《法学研究》编辑部，编辑出版了《法学研究》试刊第1期及第2期。1979年4月，《法学研究》正式创刊。

　　《法学研究》自创刊至2021年，已发表过近1900位作者的论文，总刊发论文量4000余篇，其坚持学术性、理论性的办刊宗旨，坚持精品意识，贯彻"双百方针"，重视基本理论的研究，致力于反映我国法学研究的最新成果和最高学术水平，建立、完善和更新我国法学各学科的理论体系。提倡研究方法的创新，鼓励实证研究，扶持弱势学科、新兴学科和交叉学科，培养和扶持年轻作者，开展学术批评，倡导学术规范。期刊影响力逐年增长，已经成为法学学科研究"风向标"式期刊。

　　《〈法学研究〉十年画像（2012—2021）》运用文献计量学、情报学等的研究方法，通过对论文产出情况、发文作者情况、发文机构情况、高被引论文情况、基金资助情况、获奖情况等核心指标进行定量分析，尝试绘制期刊画像，以全面客观地展示《法学研究》十年来的办刊成就；同时，亦为法学理论爱好者、研究者提供与展现较为全面的法学研究知识背景与未来的法学研究发展方向。

本书在撰写中,得到了《法学研究》陈甦主编、谢海定副主编、冯珏副主编自始至终的悉心指导,在此表示衷心的感谢!然而,由于时间仓促,本书难免挂一漏万,敬望专家和广大读者批评指正。

孙思阳

2023 年 2 月 6 日

目录 Contents

一 总体情况 …………………………………………………………… 1
  （一）论文产出与下载情况 ………………………………………… 1
  （二）发文作者情况 ………………………………………………… 3
  （三）发文机构情况 ………………………………………………… 5
  （四）刊文学科情况 ………………………………………………… 7
  （五）高频关键词情况 ……………………………………………… 8
  （六）引文情况 ……………………………………………………… 10
  （七）小结 …………………………………………………………… 11

二 期刊影响力分析 …………………………………………………… 12
  （一）历年影响因子情况 …………………………………………… 12
  （二）期刊被引情况 ………………………………………………… 13
  （三）高被引论文情况 ……………………………………………… 14
  （四）基金资助情况 ………………………………………………… 15
  （五）获奖情况 ……………………………………………………… 17
  （六）小结 …………………………………………………………… 26

三 "马克思主义法学专论"栏目论文统计分析 …………………… 27
  （一）论文产出情况 ………………………………………………… 28

（二）发文作者情况 ··· 31
　　（三）发文机构情况 ··· 31
　　（四）刊文学科情况 ··· 33
　　（五）高频关键词情况 ······································· 34
　　（六）基金资助情况 ··· 35
　　（七）影响力分析 ··· 35
　　（八）小结 ··· 39

四　专题策划文章统计分析 ·· 41
　　（一）专题笔谈文章 ··· 41
　　（二）前沿科技法学专题论文 ································· 53
　　（三）组稿专题论文 ··· 60
　　（四）小结 ··· 74

五　各学科论文统计分析 ·· 79
　　（一）法理学论文 ··· 79
　　（二）宪法学、行政法学、行诉法学论文 ······················· 93
　　（三）民法学、民诉法学、知识产权法学论文 ·················· 108
　　（四）商法学、经济法学、劳动与社会保障法学、环境法学
　　　　　论文 ·· 132
　　（五）刑法学论文 ·· 146
　　（六）刑诉法学论文 ·· 156
　　（七）国际法学论文 ·· 168
　　（八）法律史论文 ·· 175
　　（九）小结 ·· 183

六　《法学研究》数字化建设 ······································ 184
　　（一）《法学研究》数字化建设现状分析 ······················ 185
　　（二）小结 ·· 193

附录一　投稿须知 …………………………………………… 195

附录二　注释体例 …………………………………………… 197

附录三　英文注释体例 ……………………………………… 200

附录四　匿名审稿制度 ……………………………………… 202

一 总体情况

《法学研究》由中国社会科学院法学研究所创办，自创刊至2021年，已发表过近1900位作者的论文，总刊文量4000余篇。《法学研究》选题既注重基础理论研究，又注重对当下热点、难点的把握，影响力逐年攀升，已经成为法学学科研究"风向标"式期刊，对我国法学研究事业的发展发挥着重要作用。在这十年中，《法学研究》服务了广大的法学学者，并见证了我国法学事业的蓬勃发展。

为明确《法学研究》2012—2021年的发展态势，笔者采用文献计量法与知识图谱等研究方法，分析十年来《法学研究》的产出特征、影响力表现及热点聚类等，勾勒《法学研究》十年画像，通过多维度挖掘特征展示更全面的信息，使更多的人能全面了解《法学研究》，以期促进《法学研究》和法学学科的发展；同时，为法学理论爱好者、研究者提供较为全面的法学研究知识背景，展现法学研究发展方向。

（一）论文产出与下载情况

期刊论文的产出情况反映期刊在相应的学科领域的活跃度与重要性，是评价核心期刊的重要指标之一。它能够反映期刊的信息占有、传递和输出能力。其既是评价期刊学术水平及信息量的重要依据，也是评价期刊吸收和传播学术研究成果能力的关键指标。因此，对《法学研究》历年刊文篇数作计量分析，统计期刊发文量，分析其变化，绘制相应的分布曲线图，能够较好地归纳总结《法学研究》刊文的变化特征和总体趋势。

为保证检索结果的权威性、全面性以及准确性，笔者选定中国知网

(CNKI)数据库与《法学研究》期刊官网作为检索来源,在中国知网上将文献来源设置为《法学研究》(精确匹配),将时间设置为2012—2021年,进行检索,筛选会议、通知等无关数据,人工比照《法学研究》历年题录进行核对与补充,完善部分标注不规范的数据,剔除专题笔谈文章,共得到679篇论文。据此,绘制2012—2021年《法学研究》论文产出的年度分布情况统计图,如图1-1所示。

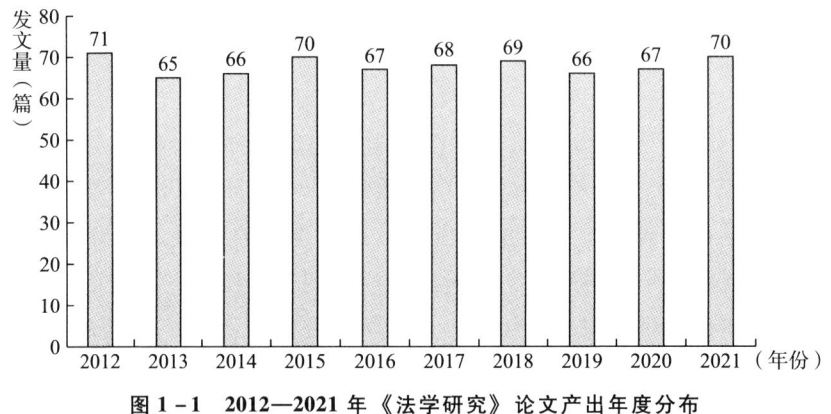

图1-1 2012—2021年《法学研究》论文产出年度分布

由图1-1可知,在这十年,《法学研究》的年度发文量整体上呈平稳趋势。2012—2021年的总发文量达到了679篇,年均发文量达到67.9篇。其中,发文量最多的年份为2012年。2013—2014年,发文量呈下降趋势,并在2013年达到历史低谷(65篇),这是由于2013—2014年笔谈文章未纳入这部分统计;2016—2018年发文量缓慢增长;2019年小幅下降后,2020—2021年稳步增长。《法学研究》根据学科特征与实际情况,选择实行现有的出版周期,在办刊过程中积累了丰富且优质的稿源,充分保障了期刊的学术信息质量和知识传播度。

《法学研究》的下载情况也表征期刊的影响力和受关注度的发展状况。从中国知网的引文数据库中提取2012—2021年《法学研究》论文的下载情况,结果如图1-2所示。在该时间段内,《法学研究》论文的总下载量达到4444768次,年均下载量达到44476.8次。从年份角度不难看出,2012—2016年,《法学研究》论文下载量是急剧增长的;2016—2020年的论文下载量相对平稳,下载量虽然有小幅度波动,但都在52000次以上;2020年,下载量达到了峰值,随后呈现了下降趋势。由于科学界存在"认识延迟"的现象,即科学成果发表初期关注度较低,但过一段时间后会引起大量关注并被科学界所承认。相信随着时间的推移,这种遭遇"延迟承认"的"睡美人"论文的下载量与关注度定会得到大幅提升。

图 1-2 2012—2021 年《法学研究》论文下载量趋势分析

(二)发文作者情况

经过多年的发展,《法学研究》已经积累了大量的学者资源。统计结果显示,2012—2021年,《法学研究》共刊发总计519位作者的679篇论文,人均论文数达到1.3篇。从合作度和合作率来看,合著论文仅为45篇,占比仅为6.6%。这说明,《法学研究》倡导法学论文发表时独立署名。除涉及大型社会调研和特殊的跨学科选题的作品外,《法学研究》一般不刊发三名以上作者的合作署名作品。

对在《法学研究》上发文量较多的作者进行统计,如表1-1所示。发文量排名在前的作者都是目前我国法学领域的知名学者。其中,发文量不少于4篇的作者分别为左卫民(四川大学,7篇)、龙宗智(四川大学,7篇)、顾培东(四川大学,7篇)、陈卫东(中国人民大学,5篇)、雷磊(中国政法大学,5篇)、张明楷(清华大学,5篇)、崔建远(清华大学,5篇)、马长山(华东政法大学,5篇)、章志远(苏州大学/华东政法大学,4篇)、陈柏峰(中南财经政法大学,4篇)、江必新(中南大学/最高人民法院,4篇)、汪志刚(江西财经大学,4篇)、程雪阳(苏州大学,4篇)。

表 1-1 在《法学研究》上发文量不少于 4 篇的作者情况

序号	作者	作者单位	发文量（篇）	主要研究领域
1	左卫民	四川大学	7	刑诉法学
2	龙宗智	四川大学	7	刑法学
3	顾培东	四川大学	7	法理学
4	陈卫东	中国人民大学	5	刑诉法学
5	雷磊	中国政法大学	5	法理学
6	张明楷	清华大学	5	刑法学
7	崔建远	清华大学	5	民法学
8	马长山	华东政法大学	5	法理学
9	章志远	苏州大学/华东政法大学	4	行政法学、行诉法学
10	陈柏峰	中南财经政法大学	4	法理学
11	江必新	中南大学/最高人民法院	4	法理学
12	汪志刚	江西财经大学	4	民法学
13	程雪阳	苏州大学	4	宪法学

论文的被引总频次可以体现作者所著论文的受关注程度及实际被引情况。表 1-2 列出了 2012—2021 年在《法学研究》上发文被引总频次超过 500 次的作者。由表 1-2 可知，发表论文被引总频次超过 500 次的高被引作者均是来自法学领域核心研究机构的知名学者，是各自研究领域的中坚力量。

表 1-2 在《法学研究》上发文被引总频次超过 500 次的作者情况

作者	作者单位	被引总频次（次）	作者	作者单位	被引总频次（次）
龙宗智	四川大学	1373	周汉华	中国社会科学院法学研究所	739
魏晓娜	中国人民大学	1081	马长山	华东政法大学	715
张明楷	清华大学	1033	陈柏峰	中南财经政法大学	713
陈小君	中南财经政法大学/广东外语外贸大学	981	顾培东	四川大学	666
左卫民	四川大学	883	巩固	浙江大学	585
高富平	华东政法大学	870	陈卫东	中国人民大学	534
周光权	清华大学	817	蔡立东	吉林大学	503

（三）发文机构情况

研究机构是某一学科知识生产、组织、传播的源泉，对研究机构进行分析，可以更全面深刻地了解在相应领域内各个研究机构的学术影响力与同行竞争力。笔者使用词云软件对2012—2021年在《法学研究》上发文的机构进行分析，绘制可视化图谱，如图1-3所示。十年来，《法学研究》主要贡献机构分别为清华大学、中国人民大学、中国政法大学、北京大学、西南政法大学、华东政法大学和中国社会科学院等。

图1-3 2012—2021年《法学研究》发文机构

统计发文量排名前11的机构与核心研究者，如表1-3所示。这些机构的发文量都在20篇以上，发文量最多的机构为清华大学（59篇），其后依次为中国人民大学（52篇）、中国政法大学（48篇）、北京大学（42篇）、中国社会科学院（37篇）、西南政法大学（37篇）、华东政法大学（36篇）、中南财经政法大学（29篇）、四川大学（25篇）、南京大学（23篇）、浙江大学（23篇）。从发文机构分布看，《法学研究》的发文机构覆盖面广，"五院四系"、核心科研机构、一些传统的法学一流高校都俨然在列。

表 1-3 2012—2021 年《法学研究》活跃发文机构和核心研究者

序号	机构	发文量(篇)	核心研究者
1	清华大学	59	张明楷、崔建远、黎宏、劳东燕、周光权、张卫平
2	中国人民大学	52	陈卫东、朱虎、陈璇
3	中国政法大学	48	雷磊、于飞、易军
4	北京大学	42	陈瑞华、许德风、刘燕、常鹏翱
5	中国社会科学院	37	谢增毅、陈甦、李林、周汉华、孙宪忠、邹海林
6	西南政法大学	37	张力
7	华东政法大学	36	马长山、章志远、王迁
8	中南财经政法大学	29	陈柏峰
9	四川大学	25	龙宗智、顾培东、左卫民
10	南京大学	23	宋晓
11	浙江大学	23	陆青

由图 1-4 可知,《法学研究》刊发的论文主要来自普通高等学校(简称"高校"),近百所高校各自发表了不同数量的论文,高校发文量占总发文量的 93%,据统计,发文高校占全国开设法学学科的普通高等学校的 20.5%。此外,科研院所、党政部门研究机构、党校的发文量共占总发文

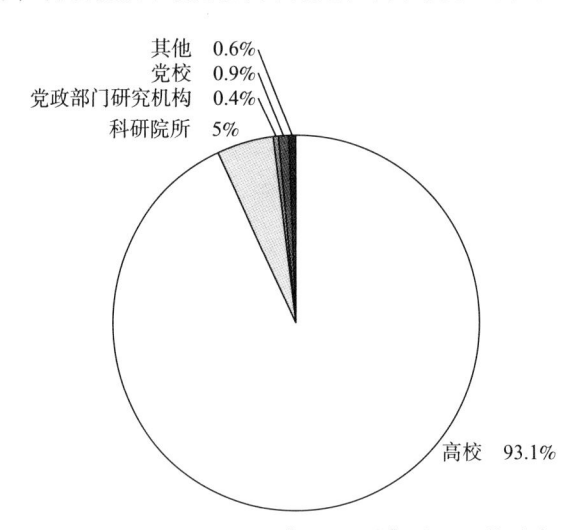

图 1-4 2012—2021 年《法学研究》发文机构分布

- 其他 0.6%
- 党校 0.9%
- 党政部门研究机构 0.4%
- 科研院所 5%
- 高校 93.1%

注:据教育部网站的 2021 年教育统计数据,截至 2021 年 9 月 30 日,全国高等学校共计 3012 所,其中普通高等学校 2756 所(本科 1270 所、专科 1486 所,未包含港澳台高校)。

量的6.3%，其他机构发文量占总发文量的1%以下。普通高等学校、科研院所、党政部门研究机构、党校的发文量占比超过99%。

（四）刊文学科情况

统计2012—2021年《法学研究》刊文的学科分布情况，如图1-5所示。由图1-5可知，679篇论文分属于15个学科领域。其中，刊文量最多的学科是民法学（20.2%），其后依次是法理学（13.6%）、刑法学（13%）、刑诉法学（10.3%）、法律史（6.9%）、宪法学（5.8%）、行政法学（5.8%）、国际法学（5.5%）、商法学（5.5%）、民诉法学（5%）、知识产权法学（3.1%）、经济法学（1.8%）、行诉法学（1.3%）、环境法学（1.2%）、劳动与社会保障法学（1%）。民法学、法理学、刑法学等传统主流学科占据着主导地位，吸引众多学者关注；知识产权法学、环境法学、劳动与社会保障法学等学科的前沿热点问题，也受到学者一定关注。

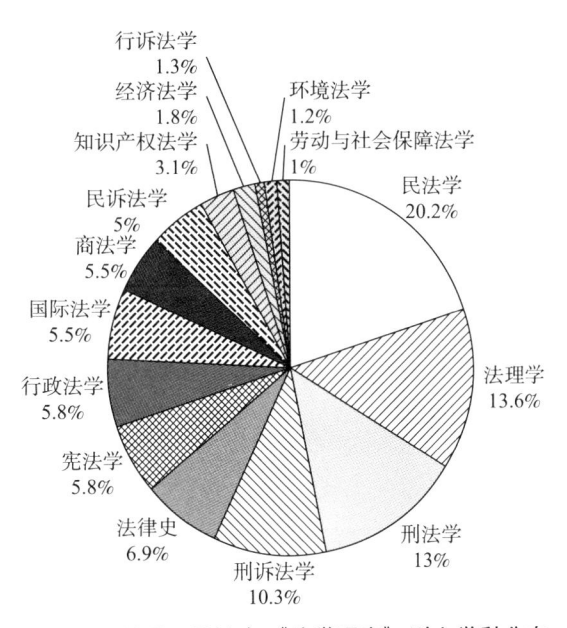

图1-5 2012—2021年《法学研究》刊文学科分布

（五）高频关键词情况

关键词是作者依据论文的研究内容选择的，能表征论文核心研究主题的专业术语。因此，在科学计量研究中，关键词常常被用来分析特定期刊的刊文主题。在对关键词计量分析的过程中，研究者们通常使用一款跨平台科学知识图谱绘制工具——VOSviewer，使用该软件工具可以基于共现词网络构建、关键词术语地图等，对纳入文献进行聚类分析或关键词分析。笔者提取了2012—2021年《法学研究》所有论文中出现频次不少于3次的关键词，并使用VOSviewer可视化软件对其进行数据转换和处理，绘制出2012—2021年《法学研究》研究热点的密度视图，如图1-6所示。在此图中，通过颜色的深浅以及字体的大小可以反映该领域研究热点的密度。颜色越浅、字体越大，代表该领域研究热点的密度越大，反之，则代表该领域研究热点密度越小。从统计结果中可知，出现频次较多的关键词有司法改革（12次）、比例原则（11次）、民法典（8次）、国家所有权（8次）、自然资源（8次）、司法审查（7次）、依法治国（7次）、合宪性解释（7次）、实证研究（7次）。这表明，《法学研究》的研究热点主要集中在这些领域当中。

图1-6 2012—2021年《法学研究》研究热点

笔者使用 VOSviewer 聚类关键词共现网络分析，结果如图 1-7 所示。十年来，《法学研究》主要形成了七大主题群，分别为：（1）比例原则，涉及的核心关键词有合宪性解释、国家保护义务、期待可能性等；（2）风险社会，涉及的核心关键词有知识产权、侵权责任等；（3）大数据，涉及的核心关键词有人工智能、关联性、电子数据、证据规则等；（4）个人信息，涉及的核心关键词有个人信息保护、构成要件等；（5）公共利益，涉及的核心关键词有隐私权、利益衡量等；（6）民法典，涉及的核心关键词有意思自治、民法总则、法律主体等；（7）因果关系，涉及的核心关键词有恢复原状、损害赔偿等。

图 1-7　2012—2021 年《法学研究》研究主题聚类

为了更精准地展示《法学研究》十年来的高频关键词分布，笔者使用易词云 3.0 软件绘制 2012—2021 年《法学研究》高频关键词词云，如图 1-8 所示。

图 1-8　2012—2021 年《法学研究》高频关键词词云

（六）引文情况

引文即文章所参考的文献，引文情况反映了作者的学术探索深度及广度。分析期刊引文，能了解期刊的作者群体对文献的利用度以及对科研成果的继承状况，进而可以从侧面评价期刊的办刊水平。如图 1-9 所示，《法学研究》的引文量整体平稳。如图 1-10 所示，2012—2016 年，篇均引文量逐年提升，自 2016 年后一直保持在较高的水平。引文量与篇均引文量的高水平稳定状况体现了作者参考相关文献的深入性和全面性，也体现了《法学研究》刊文质量的良好态势。

图 1-9　2012—2021 年《法学研究》引文量变化趋势

图 1-10　2012—2021 年《法学研究》篇均引文量变化趋势

（七）小结

经过多年的建设和发展，《法学研究》的年刊文量已经初具规模。发文量较多的作者均为我国法学领域极具影响力的学者，如左卫民、龙宗智、顾培东、陈卫东、雷磊、张明楷、崔建远等。《法学研究》论文的来源机构主要为清华大学、中国人民大学、中国政法大学、北京大学、西南政法大学、华东政法大学和中国社会科学院等法学一流高校与科研机构。从发文的学科类别来看，目前民法学、法理学、刑法学、刑诉法学发文量占比相对较高。《法学研究》论文的高频关键词主要涉及司法改革、比例原则、民法典、国家所有权、自然资源等，这表明《法学研究》的研究热点主要集中在这些领域当中。高频关键词分布也体现出《法学研究》选题的学术引领性。

二　期刊影响力分析

（一）历年影响因子情况

期刊的影响因子是综合衡量期刊质量的重要指标，被广泛应用于期刊评价中。影响因子由 E. 加菲尔德于 1972 年提出，是国际上通用的期刊评价指标，它是一个相对统计量，指期刊前 2 年刊发的论文在统计当年被引用的总次数占该刊前 2 年刊发的论文总数的比例。影响因子是用论文的平均被引率反映期刊近期在科学发展和文献交流中所起作用的指标，是衡量期刊学术影响力的指标。影响因子越大，说明期刊刊发的论文被引用次数越多，进一步说明期刊刊发的论文的影响力越大。计算公式为：影响因子 = 该刊前 2 年刊发的论文在统计当年被引用的总次数/该刊前 2 年刊发的论文总数。

统计 2012—2021 年《法学研究》历年影响因子，如图 2 - 1 所示。结果显示，《法学研究》的影响因子总体呈上升趋势，大致可以分为四个阶段。（1）2012—2015 年，各年影响因子在 2.6 ~ 3.5，影响因子较低，处于第一个平稳期。（2）2016—2017 年，影响因子显著提高。（3）2018—2019 年，影响因子进入第二个平稳期。（4）2020—2021 年，影响因子再次出现明显上涨趋势，并在 2021 年达到了峰值（16.2）。

在过去的十年中，《法学研究》的影响因子在同类期刊中始终排名靠前。《法学研究》在各个层面上都表现出较强的影响力，且近年来影响因子有显著上涨趋势，可预测其影响力优势将愈加明显。

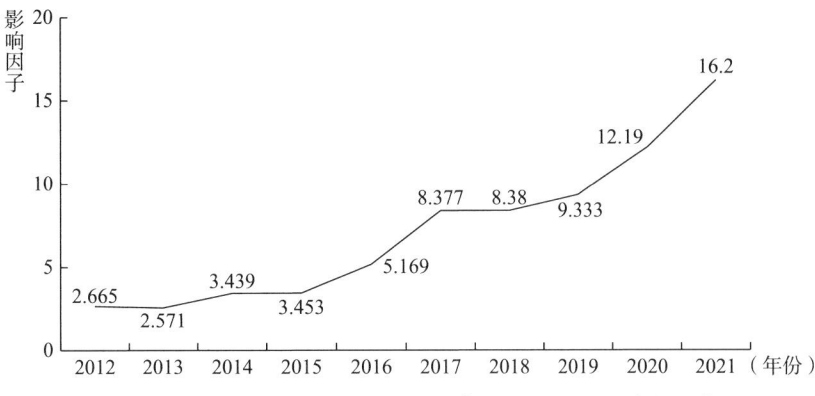

图 2-1　2012—2021 年《法学研究》历年影响因子变化趋势

（二）期刊被引情况

期刊被引情况是衡量一个期刊质量的主要指标，被引频次多说明期刊受到相关研究人员的关注多。截至 2022 年 10 月 1 日，2012—2021 年《法学研究》被引频次的统计结果如图 2-2 所示。由图 2-2 可知，《法学研究》的被引频次整体保持增长趋势，并且在 2019 年达到峰值，说明《法学研究》的受关注程度和实际学术价值在不断提高。由于对被引频次的统计具有滞后性，2021 年的被引频次统计结果有所下滑，但随着时间的推移，可以预见，近年期刊的被引频次将再次攀升。从篇均被引频次来看，2014 年与 2018 年的篇均被引频次出现了两次峰值，从侧面反映出这两个年份单篇论文的影响力较大（见图 2-3）。

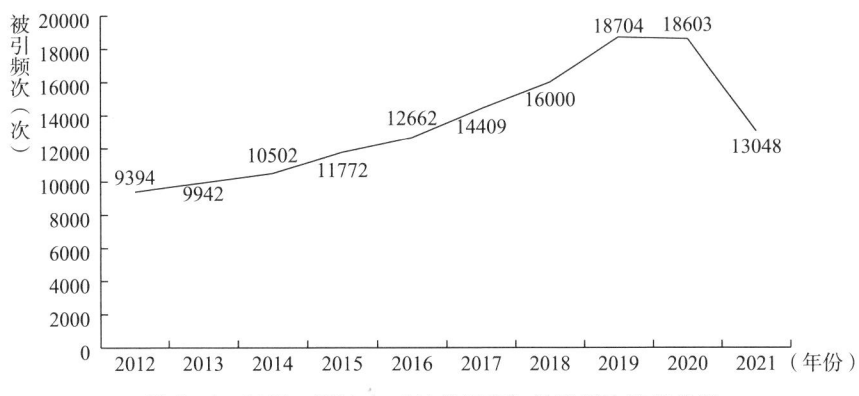

图 2-2　2012—2021 年《法学研究》被引频次变化趋势

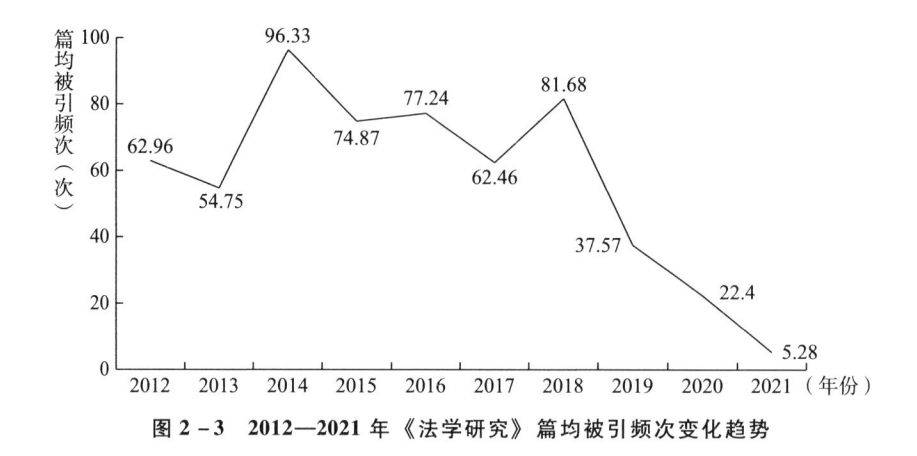

图 2-3 2012—2021 年《法学研究》篇均被引频次变化趋势

（三）高被引论文情况

被引频次是文献在某一时期内被其他文献引用的累计次数。论文被引频次的多少，在一定程度上可以揭示出论文的影响力和情报价值。高被引论文是指被引频次相对较多、被引用的周期相对较长的论文。论文被引频次由于能在某种程度上反映论文的影响力以及在学术交流中的作用和地位，因而通常被视为优质的文献情报源。通过对高被引论文的主要特征进行统计，我们可以从侧面分析相关领域的发展状况、学术研究核心人物、期刊影响力等。

截至 2022 年 10 月 1 日，统计 2012—2021 年《法学研究》被引频次排名前 10 的论文，如表 2-1 所示。由表 2-1 可知，从时间分布来看，高被引论文主要刊发于 2014—2018 年，其中，2014 年与 2018 年的高被引论文数量最多（各有 3 篇）。从研究主题来看，高被引论文涉及的研究主题主要有"个人信息保护与大数据""认罪认罚从宽""农村土地制度"等。其中几篇论文（如《个人信息保护：从个人控制到社会控制》《探索激励相容的个人数据治理之道——中国个人信息保护法的立法方向》）涉及"大数据""人工智能""个人信息保护"，这些主题表现出强大的学术影响力，极具代表性地反映了《法学研究》刊文选题紧跟时代发展，相关研究引领学术潮流的特点。

表2-1　2012—2021年《法学研究》高被引论文TOP10

序号	题名	作者	作者单位	年份	被引频次（次）
1	个人信息保护：从个人控制到社会控制	高富平	华东政法大学	2018	832
2	完善认罪认罚从宽制度：中国语境下的关键词展开	魏晓娜	中国人民大学	2016	786
3	我国农村土地法律制度变革的思路与框架——十八届三中全会《决定》相关内容解读	陈小君	中南财经政法大学	2014	694
4	探索激励相容的个人数据治理之道——中国个人信息保护法的立法方向	周汉华	中国社会科学院法学研究所	2018	625
5	资本制度变革下的资本法律责任——公司法修改的理性解读	赵旭东	中国政法大学	2014	623
6	积极刑法立法观在中国的确立	周光权	清华大学	2016	526
7	承包权与经营权分置的法构造	蔡立东、姜楠	吉林大学、长春理工大学	2015	503
8	公司法资本制度改革的逻辑与路径——基于商业实践视角的观察	刘燕	北京大学	2014	459
9	认罪认罚何以从宽：误区与正解——反思效率优先的改革主张	左卫民	四川大学	2017	444
10	个人信息私法保护的困境与出路	丁晓东	中国人民大学	2018	438

（四）基金资助情况

基金论文是指经过严格的评审和筛选程序，由国家各级政府部门、各类基金组织和企事业单位为专业学术人员提供科研经费而产出的学术论文，一般代表某个学术领域内的最新动向和最新趋势。期刊的基金论文比越高，说明期刊学术水平越高，反映刊物吸纳基金论文的能力和发表专业领域最新研究的能力越强。统计结果显示，2012—2021年刊发的679篇论文中，所载基金论文共424篇，基金论文比为62.4%（见图2-4）。这一水平在同类期刊中处于领先地位。

中国知网引文数据库中的基金和科研课题发文统计数据显示，2012—2021年《法学研究》论文受基金资助的种类有27种。按照发文量进行排名，前5名资助基金如图2-5所示。从图2-5可见，《法学研究》刊文受国家级基金资助占很大比重,这在一定程度上保证了《法学研究》刊文的前沿性和创新性,是期刊质量不断提高的有效保障。此外,这也反映了随着国家对法学领域学术研究的重视,法学领域的研究经费投入不断攀升,研究立项也不断增加。

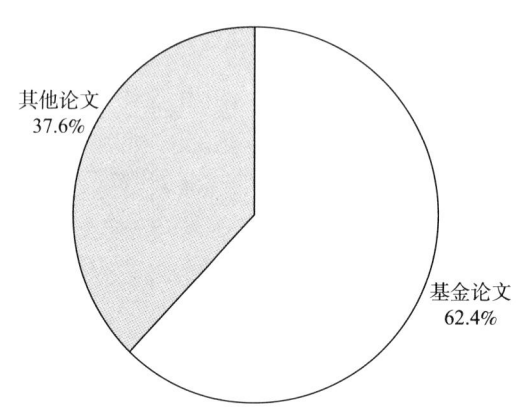

图 2-4 2012—2021 年《法学研究》基金论文和其他论文分布

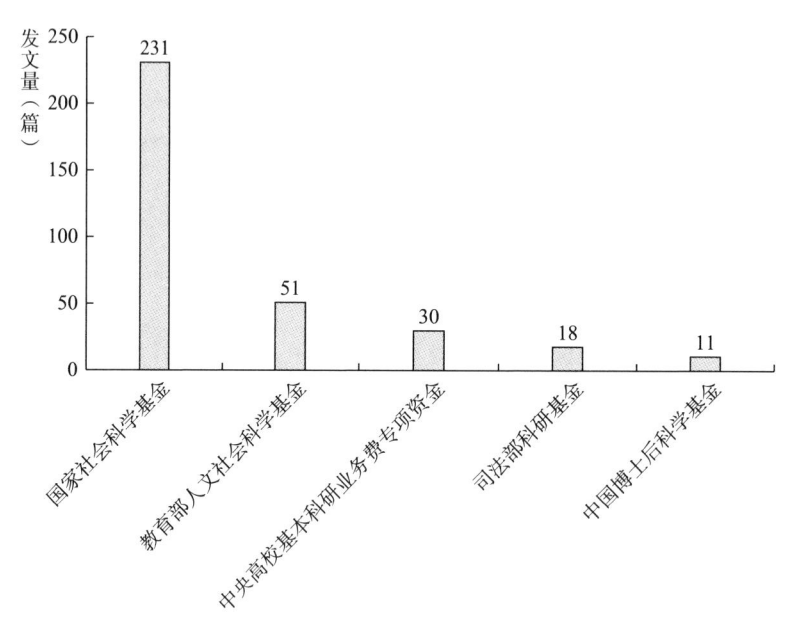

图 2-5 2012—2021 年《法学研究》资助基金 TOP5

（五）获奖情况

期刊论文获奖情况，是评价期刊质量与影响力的重要指标。截至2022年12月31日，根据各评奖机构在网络上主动刊登的获奖信息，不完全地统计十年来发表在《法学研究》上的论文的获奖情况，如表2-2所示。

表2-2 2012—2021年《法学研究》刊文获奖情况

序号	题名	作者	作者单位	发表年份	获奖情况
1	行政处罚上的空白要件及其补充规则	熊樟林	东南大学	2012	教育部第七届高等学校科学研究优秀成果奖（人文社会科学）二等奖（2015年11月）
2	组织视角下的民事诉讼发回重审制度	陈杭平	对外经济贸易大学	2012	第四届全国中青年民事诉讼法学优秀科研成果奖论文类二等奖（2015年11月）
3	土地发展权的理论基础与制度前景	陈柏峰	中南财经政法大学	2012	第四届中国法学优秀成果奖三等奖（2017年9月）
4	土地用途管制模式的立法转变	郭洁	辽宁大学	2013	第六届辽宁省哲学社会科学成果奖二等奖（2018年1月）
5	开放合作型行政审判模式之建构	章志远	苏州大学	2013	教育部第七届高等学校科学研究优秀成果奖（人文社会科学）三等奖（2015年11月）
6	行政许可标准的冲突及解决	骆梅英	浙江工商大学	2014	浙江省第十八届哲学社会科学优秀成果奖（应用理论与对策咨询类）三等奖（2015年11月）
7	裁量基准公众参与模式之选取	周佑勇	东南大学	2014	教育部第八届高等学校科学研究优秀成果奖（人文社会科学）三等奖（2020年12月）
8	宽严相济刑事政策应回归为司法政策	孙万怀	华东政法大学	2014	教育部第八届高等学校科学研究优秀成果奖（人文社会科学）三等奖（2020年12月）
9	土地发展权与土地增值收益的分配	程雪阳	苏州大学	2014	第五届董必武青年法学成果奖三等奖（2017年7月）
10	中国宪法实施的双轨制	翟国强	中国社会科学院法学研究所	2014	第四届中国法学优秀成果奖二等奖（2017年9月）

续表

序号	题名	作者	作者单位	发表年份	获奖情况
11	第三人撤销之诉的原告适格	吴泽勇	河南大学	2014	第四届全国中青年民事诉讼法学优秀科研成果奖论文类二等奖（2015年11月）
12	农民集体土地所有权的权能	韩松	西北政法大学	2014	第四届中国法学优秀成果奖一等奖（2017年9月）
13	我国意定动产担保物权法的一元化	董学立	南京财经大学	2014	山东省第三十二届社会科学优秀成果奖二等奖（2018年7月）
14	我国农村土地法律制度变革的思路与框架——十八届三中全会《决定》相关内容解读	陈小君	中南财经政法大学	2014	第七届钱端升法学研究成果奖三等奖（2018年11月）
15	城市化与"入城"集体土地的归属	黄忠	西南政法大学	2014	重庆市第九次社会科学优秀成果奖一等奖（2018年7月）
16	我国民法上的占有保护——基于人民法院占有保护案例的实证分析	章正璋	苏州大学	2014	江苏省第十四届哲学社会科学优秀成果奖三等奖（2016年11月）
17	民法转型的法源缺陷：形式化、制定法优位及其校正	张力	西南政法大学	2014	第四届中国法学优秀成果奖三等奖（2017年9月）、重庆市第九次社会科学优秀成果奖二等奖（2018年7月）
18	批准生效合同报批义务之违反、请求权方法与评价法学	汤文平	暨南大学	2014	广东省第七届哲学社会科学优秀成果奖二等奖（2017年7月）
19	国家环境保护义务的溯源与展开	陈海嵩	浙江农林大学	2014	浙江省第十八届哲学社会科学优秀成果奖（应用理论与对策咨询类）二等奖（2015年11月）
20	企业社会责任的制度化	杨力	上海交通大学	2014	第四届中国法学优秀成果奖二等奖（2017年9月）
21	关联性要素与地理标志法的构造	王笑冰	山东大学	2015	教育部第八届高等学校科学研究优秀成果奖（人文社会科学）三等奖（2020年12月）
22	分段审查抑或归口审查：羁押必要性审查的改革逻辑	林喜芬	上海交通大学	2015	2015年度全国检察基础理论研究优秀成果奖一等奖（2016年6月）

续表

序号	题名	作者	作者单位	发表年份	获奖情况
23	我国侦查权的程序性控制	詹建红、张威	中南财经政法大学	2015	山东省第三十一届社会科学优秀成果奖二等奖（2017年9月）
24	保险人明确说明义务批判	马宁	西北政法大学	2015	2017年度陕西高校人文社会科学研究优秀成果奖一等奖（2017年9月）、陕西省第十三次哲学社会科学优秀成果奖三等奖（2018年6月）
25	转基因作物基因污染受害者的请求权	阙占文	江西财经大学	2015	江西省第十七次社会科学优秀成果奖三等奖（2018年3月）
26	疫学因果关系及其证明	陈伟	南京大学	2015	江苏省第十四届哲学社会科学优秀成果奖三等奖（2016年11月）
27	决议行为效力规则之构造	徐银波	西南政法大学	2015	重庆市第十次社会科学优秀成果奖二等奖（2020年12月）
28	以房抵债协议的法理分析——《最高人民法院公报》载"朱俊芳案"评释	陆青	浙江大学	2015	浙江省第十九届哲学社会科学优秀成果奖（基础理论研究类）三等奖（2017年12月）
29	私法中理性人标准之构建	叶金强	南京大学	2015	教育部第八届高等学校科学研究优秀成果奖（人文社会科学）三等奖（2020年12月）
30	货运代理转委托行为的类型区分及法律效力	方新军	苏州大学	2015	江苏省第十五届哲学社会科学优秀成果奖二等奖（2018年10月）
31	自然资源国家所有权公权说再论	巩固	浙江大学	2015	浙江省第十八届哲学社会科学优秀成果奖（基础理论研究类）三等奖（2015年11月）
32	"直诉"源流通说辨正	王捷	华东政法大学	2015	第五届中国法律文化研究成果奖三等奖（2017年7月）、上海市第三届法学优秀成果奖三等奖（2016年12月）
33	清代讼师贪利形象的多重建构	尤陈俊	中国人民大学	2015	第五届中国法律文化研究成果奖三等奖（2017年7月）
34	孝道：中国传统法律的核心价值	龙大轩	西南政法大学	2015	重庆市第十次社会科学优秀成果奖二等奖（2020年12月）

续表

序号	题名	作者	作者单位	发表年份	获奖情况
35	司法判决中的词典释义	陈林林、王云清	浙江大学	2015	浙江省第十九届哲学社会科学优秀成果奖（基础理论研究类）三等奖（2017年12月）
36	中国特色社会主义人权理论体系论纲	广州大学人权理论研究课题组、李步云	广州大学	2015	第四届中国法学优秀成果奖一等奖（2017年9月）、教育部第八届高等学校科学研究优秀成果奖（人文社会科学）三等奖（2020年12月）
37	农业转移人口公民化与城市治理秩序重建	马长山	华东政法大学	2015	第四届中国法学优秀成果奖二等奖（2017年9月）
38	城镇规划区违建执法困境及其解释——国家能力的视角	陈柏峰	中南财经政法大学	2015	第八届钱端升法学研究成果奖二等奖（2022年5月）
39	行政规范性文件司法审查权的实效性考察	余军、张文	浙江大学	2016	浙江省第十九届哲学社会科学优秀成果奖（基础理论研究类）三等奖（2017年12月）
40	我国集体土地征收制度的构建	王克稳	苏州大学	2016	江苏省第十五届哲学社会科学优秀成果奖三等奖（2018年10月）
41	刑事程序比例构造方法论探析	秦策	南京师范大学	2016	江苏省第十五届哲学社会科学优秀成果奖三等奖（2018年10月）
42	司法鉴定管理体制改革的方向与逻辑	陈如超	西南政法大学	2016	重庆市第十次社会科学优秀成果奖三等奖（2020年12月）
43	生命冲突、紧急避险与责任阻却	陈璇	中国人民大学	2016	第五届董必武青年法学成果奖二等奖（2017年7月）
44	被害人因受骗而同意的法律效果	付立庆	中国人民大学	2016	第四届董必武青年法学成果奖三等奖（2016年9月）
45	国家所有权遁入私法：路径与实质	张力	西南政法大学	2016	重庆市第十次社会科学优秀成果奖二等奖（2020年12月）
46	起诉条件前置审理论	段文波	西南政法大学	2016	第六届董必武青年法学成果奖三等奖（2018年7月）、重庆市第十次社会科学优秀成果奖二等奖（2020年12月）
47	生命科技时代民法中人的主体地位构造基础	汪志刚	江西财经大学	2016	江西省第十七次社会科学优秀成果奖二等奖（2018年3月）

续表

序号	题名	作者	作者单位	发表年份	获奖情况
48	体系化视角下的意定代理权来源	尹飞	中央财经大学	2016	北京市第十五届哲学社会科学优秀成果奖二等奖（2019年2月）
49	我国民法典法人基本类型模式选择	罗昆	武汉大学	2016	第十一届湖北省社会科学优秀成果奖三等奖（2018年9月）
50	农村土地"三权分置"的法理阐释与制度意蕴	高飞	广东外语外贸大学	2016	教育部第八届高等学校科学研究优秀成果奖（人文社会科学）二等奖（2020年12月）
51	民事证明责任分配之解释基准——以物权法第106条为分析文本	徐涤宇	中南财经政法大学	2016	第十一届湖北省社会科学优秀成果奖二等奖（2018年9月）
52	税法续造与税收法定主义的实现机制	汤洁茵	中国青年政治学院	2016	第二届"首都法学优秀成果奖"论文类一等奖（2017年12月）
53	财政补助社会保险的法学透析：以二元分立为视角	熊伟、张荣芳	武汉大学	2016	第十一届湖北省社会科学优秀成果奖三等奖（2018年9月）
54	西周邦国的法秩序构建：以新出金文为中心	王沛	华东政法大学	2016	第五届中国法律文化研究成果奖三等奖（2017年7月）
55	乡村司法与国家治理——以乡村微观权力的整合为线索	郑智航	山东大学	2016	山东省第三十二届社会科学优秀成果奖二等奖（2018年7月）
56	广播组织权的客体——兼析"以信号为基础的方法"	王迁	华东政法大学	2017	教育部第八届高等学校科学研究优秀成果奖（人文社会科学）二等奖（2020年12月）
57	土地征收决定不是终裁行为——以行政复议法第30条第2款为中心	熊樟林	东南大学	2017	江苏省第十六届哲学社会科学优秀成果奖一等奖（2020年11月）
58	刑事诉讼中变更公诉的限度	周长军	山东大学	2017	山东省第三十二届社会科学优秀成果奖一等奖（2018年7月）、教育部第八届高等学校科学研究优秀成果奖（人文社会科学）二等奖（2020年12月）

续表

序号	题名	作者	作者单位	发表年份	获奖情况
59	故意杀人罪死刑裁量机制的实证研究	王越	北京大学	2017	第八届董必武青年法学成果奖一等奖（2020年10月）
60	预防刑法的扩张及其限度	何荣功	武汉大学	2017	第十二届湖北省社会科学优秀成果奖二等奖（2020年9月）
61	机能的思考方法下的罪数论	庄劲	中山大学	2017	广东省第八届哲学社会科学优秀成果奖二等奖（2019年6月）
62	我国司法判决中的宪法援引及其功能——基于已公开判决文书的实证研究	冯健鹏	华南理工大学	2017	第六届董必武青年法学成果奖三等奖（2018年7月）
63	法治国的宪法内涵——迈向功能分化社会的宪法观	李忠夏	山东大学	2017	山东省第三十二届社会科学优秀成果奖二等奖（2018年7月）
64	利他型人寿保险中投保人与受益人的对价关系	岳卫	南京大学	2017	江苏省第十五届哲学社会科学优秀成果奖三等奖（2018年10月）
65	保险法因果关系判定的规则体系	武亦文	武汉大学	2017	第十二届湖北省社会科学优秀成果奖三等奖（2020年9月）
66	被误解和被高估的动态体系论	解亘、班天可	南京大学、复旦大学	2017	江苏省第十五届哲学社会科学优秀成果奖三等奖（2018年10月）
67	国际私法与民法典的分与合	宋晓	南京大学	2017	江苏省第十五届哲学社会科学优秀成果奖三等奖（2018年10月）
68	追求裁判的社会效果：1983—2012	宋亚辉	南京大学	2017	江苏省第十六届哲学社会科学优秀成果奖二等奖（2020年11月）
69	当代中国法治共识的形成及法治再启蒙	顾培东	四川大学	2017	教育部第八届高等学校科学研究优秀成果奖（人文社会科学）二等奖（2020年12月）
70	公法上警察概念的变迁	陈鹏	厦门大学	2017	福建省第十四届社会科学优秀成果奖二等奖（2021年12月）
71	刑民交叉案件中的事实认定与证据使用	龙宗智	四川大学	2018	四川省第十九次哲学社会科学优秀成果奖二等奖（2021年10月）

二　期刊影响力分析

续表

序号	题名	作者	作者单位	发表年份	获奖情况
72	逮捕制度再改革的法释义学解读	李训虎	中国政法大学	2018	2018年度全国检察基础理论研究优秀成果奖一等奖（2019年6月）
73	城市高密度区域的犯罪吸引机制	单勇	南京大学	2018	江苏省第十六届哲学社会科学优秀成果奖三等奖（2020年11月）
74	侵犯公民个人信息罪"情节严重"的法理重述	石聚航	南昌大学	2018	江西省第十八次社会科学优秀成果奖二等奖（2019年10月）
75	确认之诉的限缩及其路径	刘哲玮	北京大学	2018	第八届董必武青年法学成果奖三等奖（2020年10月）
76	税收构成要件理论的反思与再造	叶金育	中南民族大学	2018	第十二届湖北省社会科学优秀成果奖二等奖（2020年9月）
77	新时代推进社会公平正义的法治要义	胡玉鸿	苏州大学	2018	上海市第十五届哲学社会科学优秀成果奖（学科学术优秀成果类）一等奖（2022年7月）
78	基于数据主权的国家刑事取证管辖模式	梁坤	西南政法大学	2019	第七届董必武青年法学成果奖二等奖（2019年12月）
79	被追诉人的权利处分：基础规范与制度构建	郭松	四川大学	2019	四川省第十九次哲学社会科学优秀成果奖三等奖（2021年10月）
80	附条件不起诉制度实施状况研究	何挺	北京师范大学	2019	2019年度全国检察基础理论研究优秀成果奖一等奖（2020年7月）
81	法官个体本位抑或法院整体本位——我国法院建构与运行的基本模式选择	顾培东	四川大学	2019	四川省第十九次哲学社会科学优秀成果奖二等奖（2021年10月）
82	论民事规训关系——基于福柯权力理论的一种阐释	汪志刚	江西财经大学	2019	江西省第十九次社会科学优秀成果奖二等奖（2021年8月）
83	多数人之债的类型建构	李中原	苏州大学	2019	江苏省第十六届哲学社会科学优秀成果奖三等奖（2020年11月）

续表

序号	题名	作者	作者单位	发表年份	获奖情况
84	工伤认定一般条款的建构路径	郑晓珊	暨南大学	2019	广东省第九届哲学社会科学优秀成果奖一等奖（2021年6月）
85	一致性解释原则在国际贸易行政案件中的适用	彭岳	南京大学	2019	江苏省第十六届哲学社会科学优秀成果奖二等奖（2020年11月）
86	从基本权理论看法律行为之阻却生效要件——一个跨法域释义学的尝试	章程	浙江大学	2019	浙江省第二十一届哲学社会科学优秀成果奖（基础理论研究类）青年奖（2022年1月）
87	民法合宪性解释的事实条件	李海平	吉林大学	2019	吉林省第十三届社会科学优秀成果奖一等奖（2022年1月）
88	刑事证据分布理论及其运用	冯俊伟	山东大学	2019	山东省第三十五届社会科学优秀成果奖一等奖（2021年12月）
89	优先股与普通股的利益分配——基于信义义务的制度方法	潘林	山东大学	2019	山东省第三十五届社会科学优秀成果奖二等奖（2021年12月）
90	迈向公私合作型行政法	章志远	华东政法大学	2019	上海市第十五届哲学社会科学优秀成果奖（学科学术优秀成果类）二等奖（2022年7月）
91	民法典中的动产和权利担保体系	龙俊	清华大学	2020	第九届董必武青年法学成果奖二等奖（2021年12月）
92	基层法院的执行生态与非均衡执行	于龙刚	中南财经政法大学	2020	第十三届湖北省社会科学优秀成果奖三等奖（2022年8月）
93	合宪性视角下的成片开发征收及其标准认定	程雪阳	苏州大学	2020	第九届董必武青年法学成果奖提名奖（2021年12月）
94	比例原则的适用范围与限度	梅扬	武汉大学	2020	第十三届湖北省社会科学优秀成果奖三等奖（2022年8月）
95	诈骗罪中的处分意识：必要性及判别	袁国何	复旦大学	2021	第九届董必武青年法学成果奖二等奖（2021年12月）

统计获奖论文的数量变化，如图2-6所示，2014—2017年的论文获奖数量大幅提高，这四年每年论文的获奖数量都不少于15篇。这说明《法学研究》刊文质量过硬，刊文内容紧跟学术前沿热点，研究深度及研究广度均获得法学界的高度认可。由于论文评奖具有滞后性，因

而近年论文的获奖数据不能完全代表这一阶段的最终获奖情况。虽然当前的统计结果显示2018—2021年的论文获奖数量偏少，但随着论文评奖工作的有序进行，之后应该会有更多这一阶段的论文获得业界的认可和奖项。

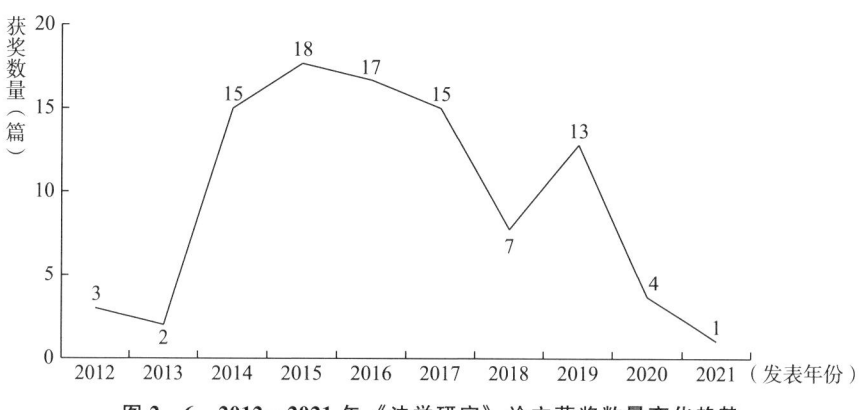

图2-6 2012—2021年《法学研究》论文获奖数量变化趋势

从获奖论文的学科分布来看，民法学（25.6%）、刑法学（11%）、刑诉法学（11%）论文的获奖占比较高，各学科均有获奖（见图2-7）。

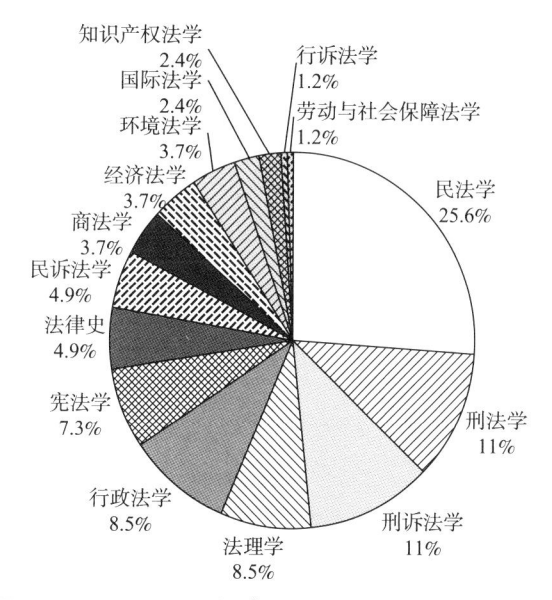

图2-7 2012—2021年《法学研究》论文获奖学科分布

（六）小结

从 2012—2021 年《法学研究》影响力看，《法学研究》经过这十年的发展，历年影响因子、被引频次、基金资助、获奖等情况显示了其在法学领域的活跃度和重要性。《法学研究》在发展过程中不断提升影响力，呈现出良好的发展势头，且长期保持领先地位，但同时也面临着挑战。《法学研究》需要制定好各阶段的发展策略，把握前沿研究方向，坚持正确的政治立场，进一步提升办刊质量，以保证持久稳定的学术影响力。

三 "马克思主义法学专论" 栏目论文统计分析

社会科学类学术期刊兼具政治性和学术性双重属性，其不仅是人文社会科学成果发布的主要平台，而且是传播和引领中国学术思想的重要阵地以及推动学术研究的重要载体，是为政府决策、咨询提供参考的重要来源，具有担当国家意识形态阵地的政治使命。

习近平总书记指出："坚持以马克思主义为指导，是当代中国哲学社会科学区别于其他哲学社会科学的根本标志，必须旗帜鲜明加以坚持。"[①]《法学研究》作为法学学术研究的"风向标"，应主动肩负起坚持和发展马克思主义的历史使命，坚持正确的政治方向、研究导向和价值取向，即在中国特色社会主义道路上，一是要坚持把马克思主义的立场、观点和方法贯穿于刊物的学术研究之中，用发展着的马克思主义指导学科发展；二是要在研究、宣传、捍卫以及发展马克思主义方面有新作为。鉴于此，为积极构建以马克思主义为指导的法学学科体系、法学学术话语体系和法学学术创新体系，进一步推动马克思主义的立场、观点和方法在法学学术研究中的深入运用，根据上级指示和要求，《法学研究》于2016年第2期起，开设了"马克思主义法学专论"栏目。该栏目长期向海内外学者征集下列主题方向的稿件：（1）马克思主义法学经典文本的中国化阐释；（2）马克思主义法学理论和实践演进研究；（3）中国特色社会主义法治理论研究；（4）中国特色社会主义法治实践研究；（5）中国共产党法治建设历程的研究；（6）运用马克思主义的立场、观点和方法对中国法治进程中重大理论

---

① 《习近平关于社会主义文化建设论述摘编》，中央文献出版社，2017，第73页。

和实践问题的研究；（7）运用马克思主义的立场、观点和方法对错误法学思潮的批判性研究；（8）西方马克思主义法学理论的专题式研究。至2021年底，该栏目已经发表了多篇扎根祖国大地，直面党和国家需求，获得较高关注度与影响力，经得起历史和实践检验的高水平学术成果。只有致力于推动产出全面体现马克思主义中国化的最新理论成果，才能更好地坚守初心、引领创新，讲好中国故事，传播好中国声音。这既是《法学研究》的立刊之本，也是新时代对《法学研究》发展的新要求。

基于上述考虑，笔者采用文献计量法，通过统计工具对纳入文献的产出、发文作者、发文机构、学科分布、高频关键词、影响力等信息进行全方位分析，力图用数据来描述和揭示《法学研究》"马克思主义法学专论"栏目论文的特征，展示"马克思主义法学专论"栏目的发展现状与趋势。

（一）论文产出情况

笔者选定《法学研究》期刊官网作为检索来源，整理2016—2021年《法学研究》"马克思主义法学专论"栏目论文，共得到34篇论文。但实际上，《法学研究》刊发的很多其他论文，尤其是该栏目设立前所刊发的关于研究、阐释习近平法治思想的相关论文在研究主题上亦可归为马克思主义法学专论。出于统计上方便的考虑，本部分的统计分析数据限于该栏目设立后置于该栏目下的论文，统计结果如表3-1所示。

表3-1　2016—2021年《法学研究》"马克思主义法学专论"栏目论文

序号	题名	作者	作者单位	学科	年份
1	法律事实理论视角下的实质性宪法解释	莫纪宏	中国社会科学院法学研究所	宪法学	2021
2	党内法规体系的形成与完善	孟涛	中国人民大学	法理学	2021
3	习近平法治思想对马克思主义法治原理的传承与发展	孙谦	最高人民检察院	法理学	2021
4	新时代行政审判因应诉源治理之道	章志远	华东政法大学	行政法学	2021
5	习近平法治思想中的法治监督理论	江必新、张雨	中南大学	法理学	2021

三 "马克思主义法学专论"栏目论文统计分析

续表

序号	题名	作者	作者单位	学科	年份
6	党政联合发文的制度逻辑及其规范化问题	封丽霞	中共中央党校	法理学	2021
7	中国政法体制的规范性原理	黄文艺	中国人民大学	法理学	2020
8	中国行政诉讼中的府院互动	章志远	华东政法大学	行诉法学	2020
9	乡村基层执法的空间制约与机制再造	陈柏峰	中南财经政法大学	法理学	2020
10	支持理论下民事诉讼当事人法律意识的实证研究	冯晶	西南政法大学	民诉法学	2020
11	人民法院改革取向的审视与思考	顾培东	四川大学	法理学	2020
12	合宪性审查制度的中国道路与功能展开	李忠夏	山东大学	宪法学	2019
13	中国现行宪法中的"党的领导"规范	秦前红、刘怡达	武汉大学	宪法学	2019
14	新时代中国法治理论创新发展的六个向度	李林	中国社会科学院法学研究所	法理学	2019
15	面向共治格局的法治形态及其展开	杜辉	重庆大学	法理学	2019
16	构建公共服务法律体系的理论逻辑及现实展开	陈云良、寻健	广东外语外贸大学、中南大学	法理学	2019
17	法官个体本位抑或法院整体本位——我国法院建构与运行的基本模式选择	顾培东	四川大学	宪法学	2019
18	苏俄宪法在中国的传播及其当代意义	韩大元	中国人民大学	法律史	2018
19	新时代推进社会公平正义的法治要义	胡玉鸿	苏州大学	法理学	2018
20	智能互联网时代的法律变革	马长山	华东政法大学	法理学	2018
21	国家监察体制改革后检察制度的巩固与发展	朱孝清	中国法学会	刑诉法学	2018
22	国家在国际造法进程中的角色与功能——以国际海洋法的形成与运作为例	罗欢欣	中国社会科学院国际法研究所	国际法学	2018
23	中国环境法治中的政党、国家与社会	陈海嵩	中南大学	环境法学	2018

续表

序号	题名	作者	作者单位	学科	年份
24	马克思主义法律理论中国化的当代意义	封丽霞	中共中央党校	法理学	2018
25	中国法治经济建设的逻辑	谢海定	中国社会科学院法学研究所	法理学	2017
26	新思想引领法治新征程——习近平新时代中国特色社会主义思想对依法治国和法治建设的指导意义	张文显	中国法学会、吉林大学	法理学	2017
27	中国司法体制改革的经验——习近平司法体制改革思想研究	陈卫东	中国人民大学	法理学	2017
28	党政体制如何塑造基层执法	陈柏峰	中南财经政法大学	法理学	2017
29	全面依法治国背景下的刑事公诉	孙谦	最高人民检察院	刑诉法学	2017
30	党管政法：党与政法关系的演进	周尚君	西南政法大学	法理学	2017
31	当代中国政法体制的形成及意义	侯猛	北京大学	法理学	2016
32	国家所有权遁入私法：路径与实质	张力	西南政法大学	宪法学	2016
33	农村土地"三权分置"的法理阐释与制度意蕴	高飞	广东外语外贸大学	民法学	2016
34	习近平全面依法治国思想的理论逻辑与创新发展	李林	中国社会科学院法学研究所	法理学	2016

对相关论文年度分布作计量分析，统计该栏目发文量的年度变化，绘制相应的发文量年度分布图，对解析和预测该栏目的发展趋势具有关键性意义。2016—2021年《法学研究》"马克思主义法学专论"栏目发文量年度分布情况，如图3-1所示。

由图3-1可知，2016—2021年，《法学研究》"马克思主义法学专论"栏目的发文量整体呈稳定态势，年均发文量为5.7篇，其中，发文量最多的年份为2018年，发文量最少的年份为2016年。该栏目发文量占同期《法学研究》总发文量的8.3%，这说明《法学研究》对马克思主义法学领域一直保持着较高的关注度。

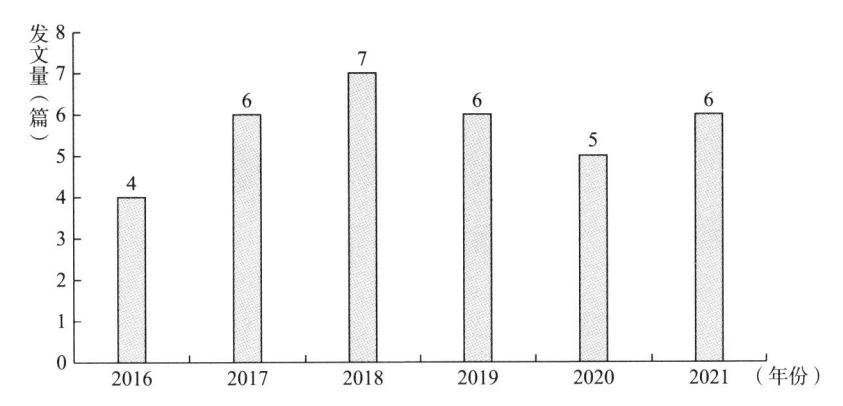

图 3-1 2016—2021 年《法学研究》"马克思主义法学专论"栏目发文量年度分布

（二）发文作者情况

笔者使用词云可视化软件绘制 2016—2021 年《法学研究》"马克思主义法学专论"栏目作者分布图谱，如图 3-2 所示。由统计结果可知，在该领域的作者中，发文量不少于 2 篇的作者分别为李林（中国社会科学院法学研究所）、章志远（苏州大学/华东政法大学）、封丽霞（中共中央党校）、陈柏峰（中南财经政法大学）、顾培东（四川大学）、孙谦（最高人民检察院）。

（三）发文机构情况

笔者利用词云可视化软件对该栏目的发文机构进行分析后，绘制 2016—2021 年《法学研究》"马克思主义法学专论"栏目发文机构分布图，如图 3-3 所示。从统计结果中可以看到，该专题内发文量最多的机构为中国社会科学院法学研究所和中国人民大学（各 4 篇），随后为华东政法大学（3 篇）、西南政法大学（3 篇）、中南大学（3 篇）、广东外语外贸大学（2 篇）、四川大学（2 篇）、中共中央党校（2 篇）、中国法学会（2 篇）、中南财经政法大学（2 篇）、最高人民检察院（2 篇）等。中国社会科学院法学研究所是马克思主义法学理论研究的学术重镇。

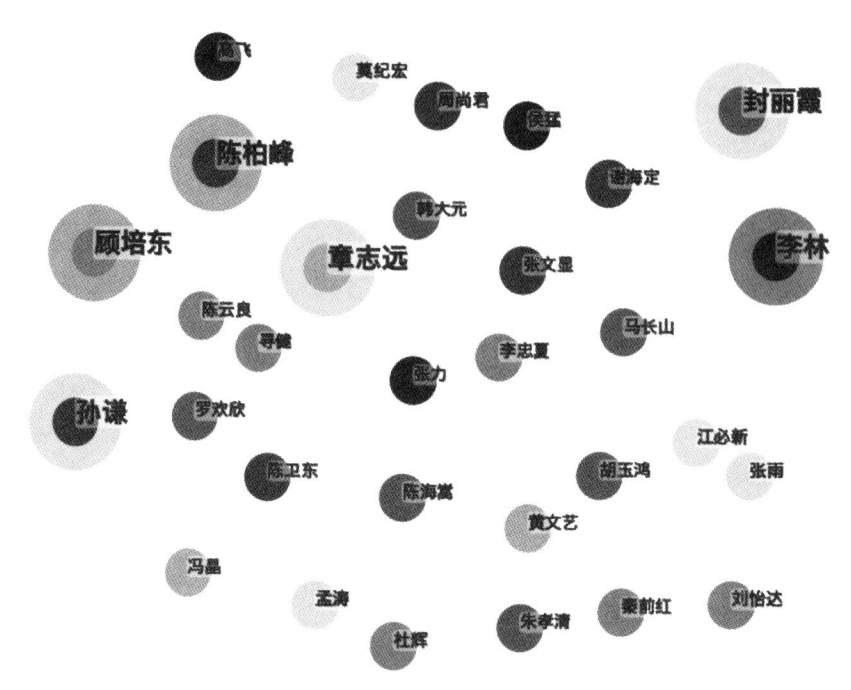

图 3－2　2016—2021 年《法学研究》"马克思主义法学专论"栏目发文作者

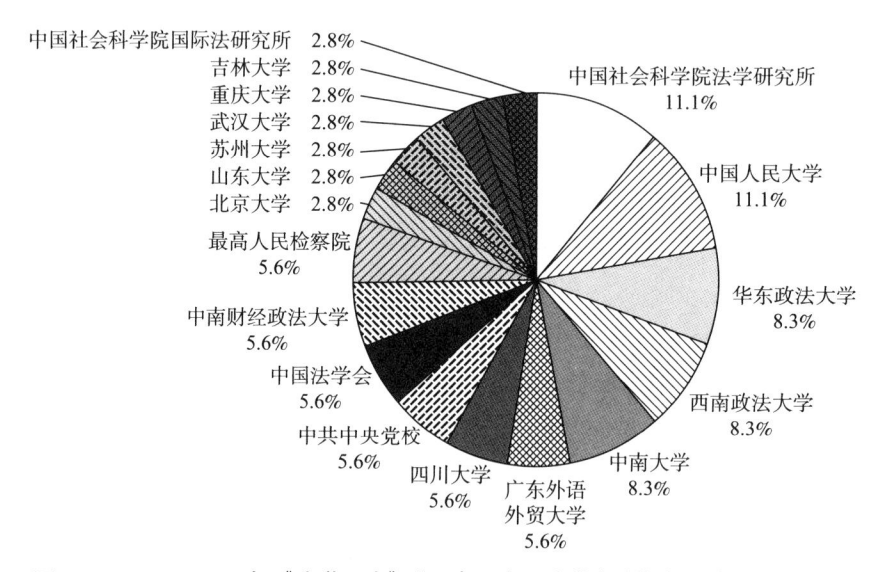

图 3－3　2016—2021 年《法学研究》"马克思主义法学专论"栏目发文机构分布

（四）刊文学科情况

马克思主义理论在新时代中国特色社会主义背景下有着丰富而深刻的内涵，涵盖法律、政治、经济、社会等各个方面，因而相关研究广泛分布于各个学科。马克思主义法学理论的论文也广泛分布于法学各二级学科。统计2016—2021年《法学研究》"马克思主义法学专论"栏目论文的学科分布，如图3-4所示。

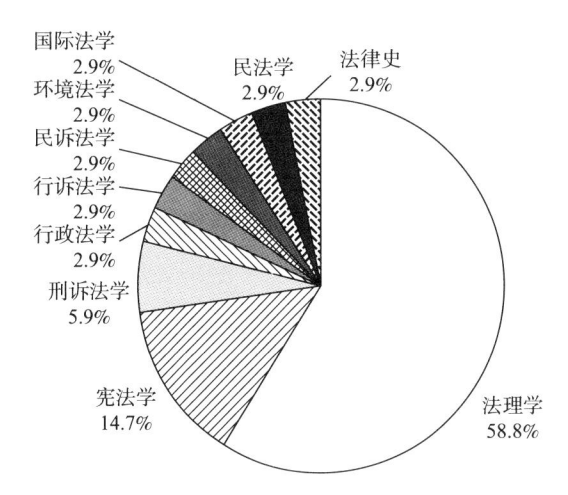

图 3-4　2016—2021 年《法学研究》"马克思主义专论"栏目论文学科分布

根据图3-4，我们可以发现，"马克思主义法学专论"栏目论文的学科分布具有两个方面的特征。一是学科分布非常广泛。研究领域涉及10个学科，不仅涉及法理学、宪法学、行政法学、行诉法学等高相关度学科，而且还涉及环境法学、国际法学、法律史等低相关度学科。这不仅反映了该栏目论文思想内涵的丰富性，而且也反映了在马克思主义法学领域，学科之间广泛存在交叉研究现象。马克思主义的立场、观点和方法始终贯穿于相关学术研究之中。二是学科分布不平衡。在34篇纳入文献中，法理学的发文量最多（20篇），占58.8%；其次是宪法学（5篇），占14.7%；这两项累计占73.5%。可见，该栏目的主要涉及学科为法理学和宪法学，而诉讼法学、行政法学、民法学、法律史等学科的论文所占比重相对较低。

（五）高频关键词情况

关键词是文献内容的一个重要特征，是作者对文献内容的高度凝练和总结。通过分析论文的关键词，我们可以发现某一研究领域的研究热点及发展趋势。笔者通过对纳入文献的关键词进行甄别、筛选以及重新组合，得到"马克思主义法学专论"栏目论文的高频关键词，如表3-2所示。根据表3-2提供的数据，2016—2021年，出现频次较多的关键词包括依法治国、习近平法治思想、中国特色社会主义法治、党内法规、党的领导、国家治理体系等。

表3-2　2016—2021年《法学研究》"马克思主义法学专论"栏目论文高频关键词

序号	关键词	频次（次）	序号	关键词	频次（次）
1	依法治国	5	7	政治体制	2
2	习近平法治思想	3	8	基层执法	2
3	中国特色社会主义法治	3	9	司法改革	2
4	党内法规	2	10	法院改革	2
5	党的领导	2	11	民主集中制	2
6	国家治理体系	2	12	国家所有权	2

为了更精确地展示该栏目论文的高频关键词分布，笔者使用易词云3.0软件绘制该栏目论文关键词词云，如图3-5所示。由图3-5可知，

图3-5　2016—2021年《法学研究》"马克思主义法学专论"栏目论文关键词词云

在该栏目论文中，高频关键词分布较为分散，但"依法治国""习近平法治思想""中国特色社会主义法治"等词语十分突出，可以推断，这些主题已成为新时代中国特色社会主义背景下马克思主义法学研究的热点主题。

（六）基金资助情况

2016—2021 年该栏目 34 篇论文中，所载基金论文共 23 篇，即有 67.6% 的论文为科研基金项目成果，如图 3-6 所示。

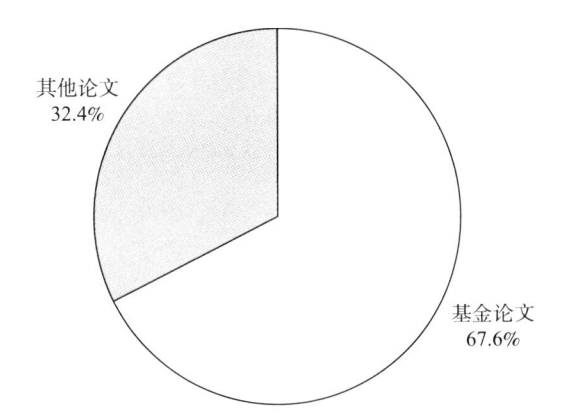

图 3-6　2016—2021 年《法学研究》"马克思主义法学专论"栏目基金论文和其他论文分布

（七）影响力分析

1. 高被引论文情况

一般来说，高被引意味着较高的学术影响力，论文的被引频次是衡量论文学术水平的重要指标之一。笔者整理了截至 2022 年 10 月 1 日"马克思主义法学专论"栏目中被引频次排名前 10 的论文，如表 3-3 所示。

表 3-3　2016—2021 年《法学研究》"马克思主义法学专论"
栏目高被引论文 TOP10

序号	题名	作者	作者单位	学科	年份	被引频次（次）
1	智能互联网时代的法律变革	马长山	华东政法大学	法理学	2018	436
2	农村土地"三权分置"的法理阐释与制度意蕴	高飞	广东外语外贸大学	民法学	2016	363
3	国家监察体制改革后检察制度的巩固与发展	朱孝清	中国法学会	刑诉法学	2018	153
4	新思想引领法治新征程——习近平新时代中国特色社会主义思想对依法治国和法治建设的指导意义	张文显	中国法学会、吉林大学	法理学	2017	123
5	党政体制如何塑造基层执法	陈柏峰	中南财经政法大学	法理学	2017	110
6	习近平全面依法治国思想的理论逻辑与创新发展	李林	中国社会科学院法学研究所	法理学	2016	110
7	全面依法治国背景下的刑事公诉	孙谦	最高人民检察院	刑诉法学	2017	93
8	当代中国政法体制的形成及意义	侯猛	北京大学	法理学	2016	86
9	党管政法：党与政法关系的演进	周尚君	西南政法大学	法理学	2017	83
10	国家所有权遁入私法：路径与实质	张力	西南政法大学	宪法学	2016	79

由表 3-3 可知，被引频次居前 10 位的论文的平均被引频次为 163.6 次。被引频次最多的论文是马长山教授在 2018 年发表的《智能互联网时代的法律变革》。该文指出，在新时代背景下，为确立适应智能互联网时代发展要求的法律理念，需要构建一体融合的法律体系，探索新型的代码规制方式，塑造高度自主的精细化治理秩序，促进执法司法的智能化发展，并嵌入风险控制的制度机制，进而推进法律制度和规则秩序的转型升级。该文被引频次累计达 436 次，年均被引频次为 87.2 次。排名第二的是高飞教授在 2016 年所作的《农村土地"三权分置"的法理阐释与制度意蕴》。该文对"三权分置"政策进行再解读，即"三权分置"的农村土地权利结构实为集体土地所有权、成员权、农地使用权三权并立，这是保障农村集体经济和农村集体经济组织成员权利有效实现的重大政策举措，也是力促统分结合的双层经营体

制落到实处的有力工具。该文被引频次累计达363次,年均被引频次为51.9次。

值得注意的是,这10篇高被引论文全部为独立研究,可见,研究者合作的现象并不普遍。从高被引论文的研究主题来看,以"依法治国""习近平法治思想"为研究主题的论文4篇,以"中国特色社会主义法治"为研究主题的论文3篇,这表明这些研究主题已经成为马克思主义法学研究的重点和焦点。

2. 被重要文摘转载情况

相较于数量庞大的学术期刊群,作为期刊精华浓缩的文摘对研究主题的重点、热点程度与论文影响力的反映相对更为直接。在我国人文社会科学学术领域,《新华文摘》《中国社会科学文摘》《高等学校文科学术文摘》《人大复印报刊资料》《社会科学文摘》被公认为"五大文摘",在反映最新学术研究成果和学术前沿动态上,其信息性、学术性和权威性获得了学界的一致认可。由于学术转载是一项学术活动,它处于学术创作、学术批评和学术传播等活动构成的金字塔的塔顶,因而学术转载对于学术活动具有重要的价值导向作用。因此,论文能否被上述五大文摘转载,在相当大程度上已成为衡量其社会影响力和学术质量的重要标准。对这些重要文摘转载论文的量化分析,可在一定程度上解决在论文影响力评价工作中数据不足的问题。此外,许多高校和科研院所将被重要文摘转载作为评价研究者科研质量和影响力,并据此给予奖励的重要指标之一。

鉴于此,笔者选取被《新华文摘》《中国社会科学文摘》《高等学校文科学术文摘》《人大复印报刊资料》《社会科学文摘》转载论文数量这一指标,通过收集《法学研究》"马克思主义法学专论"栏目被"五大文摘"转载论文,考察其文献特征,分析该栏目论文的影响力现状(见表3-4)。

表3-4 2016—2021年《法学研究》"马克思主义法学专论"
栏目被"五大文摘"转载论文

序号	题名	作者	作者单位	学科	年份	转载载体
1	法律事实理论视角下的实质性宪法解释	莫纪宏	中国社会科学院法学研究所	宪法学	2021	《人大复印报刊资料》

续表

序号	题名	作者	作者单位	学科	年份	转载载体
2	中国政法体制的规范性原理	黄文艺	中国人民大学	法理学	2020	《中国社会科学文摘》《人大复印报刊资料》
3	中国行诉法学中的府院互动	章志远	华东政法大学	行诉法学	2020	《中国社会科学文摘》《人大复印报刊资料》
4	合宪性审查制度的中国道路与功能展开	李忠夏	山东大学	宪法学	2019	《高等学校文科学术文摘》《人大复印报刊资料》
5	新时代中国法治理论创新发展的六个向度	李林	中国社会科学院法学研究所	法理学	2019	《人大复印报刊资料》
6	面向共治格局的法治形态及其展开	杜辉	重庆大学	法理学	2019	《高等学校文科学术文摘》《人大复印报刊资料》
7	构建公共服务法律体系的理论逻辑及现实展开	陈云良、寻健	广东外语外贸大学、中南大学	法理学	2019	《新华文摘》
8	法官个体本位抑或法院整体本位——我国法院建构与运行的基本模式选择	顾培东	四川大学	宪法学	2019	《人大复印报刊资料》《社会科学文摘》
9	智能互联网时代的法律变革	马长山	华东政法大学	法理学	2018	《社会科学文摘》《新华文摘》《高等学校文科学术文摘》《中国社会科学文摘》
10	新时代推进社会公平正义的法治要义	胡玉鸿	苏州大学	法理学	2018	《高等学校文科学术文摘》
11	马克思主义法律理论中国化的当代意义	封丽霞	中共中央党校	法理学	2018	《人大复印报刊资料》《新华文摘》
12	中国法治经济建设的逻辑	谢海定	中国社会科学院法学研究所	法理学	2017	《人大复印报刊资料》《高等学校文科学术文摘》《社会科学文摘》
13	新思想引领法治新征程——习近平新时代中国特色社会主义思想对依法治国和法治建设的指导意义	张文显	中国法学会、吉林大学	法理学	2017	《中国社会科学文摘》
14	国家所有权遁入私法：路径与实质	张力	西南政法大学	宪法学	2016	《人大复印报刊资料》

续表

序号	题名	作者	作者单位	学科	年份	转载载体
15	农村土地"三权分置"的法理阐释与制度意蕴	高飞	广东外语外贸大学	民法学	2016	《人大复印报刊资料》

由表 3-4 可知，在该栏目中，被《新华文摘》《中国社会科学文摘》《高等学校文科学术文摘》《人大复印报刊资料》《社会科学文摘》选择转载的优秀论文共 15 篇，被转载作者有 16 人。从学科分布来看（如图 3-7 所示），被转载文章中，法理学的文章最多，占该部分总被转载量的 60%，随后是宪法学（26.7%）、行诉法学（6.7%）、民法学（6.7%）。被转载文章数量较多的发文机构为中国社会科学院法学研究所（3 篇）和华东政法大学（2 篇）。

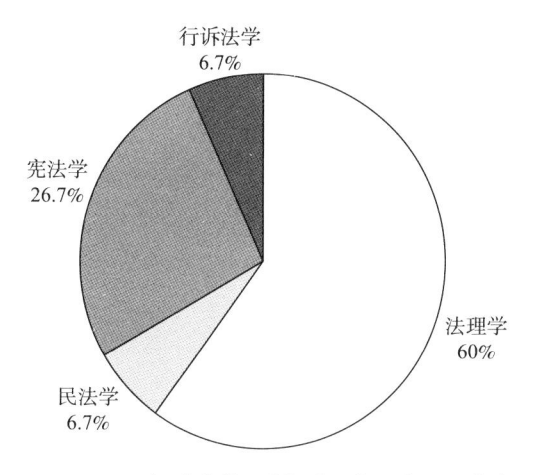

图 3-7 2016—2021 年《法学研究》"马克思主义法学专论"栏目被"五大文摘"转载论文学科分布

（八）小结

法学学术期刊作为加强意识形态建设的前沿阵地，是引领当代中国马克思主义理论和习近平法治思想研究的鲜明旗帜。面对世界百年未有之大变局，面对社会思想观念和价值取向日趋活跃、社会思潮纷纭激荡的新形势,《法学研究》牢记自身肩负的时代使命,坚定政治立场,突出问题意识,彰显学术品格,加强自身建设,实现了高品质发展,为推进党的意识形态工作建设、引领构建中国特色哲学社会科学"三大体系"、凝心聚力实现中华民族伟大复兴贡献着自己的力量。

四 专题策划文章统计分析

（一）专题笔谈文章

1. 文章产出情况

笔者选定《法学研究》期刊官网作为检索来源，通过比照《法学研究》历年题录核对与补充文献，整理笔谈专题文章，共得到87篇文献，且《法学研究》仅在2014年之前刊发了专题笔谈文章，统计结果如表4-1所示。

表4-1 2012—2014年《法学研究》专题笔谈文章

序号	题名	作者	作者单位	笔谈名称	年份
1	裁判规范、解释论与实证方法	韩世远	清华大学	民法实证方法笔谈	2012
2	民法实证研究方法与民法教义学	金可可	华东政法大学	民法实证方法笔谈	2012
3	实证研究与民法方法论的发展	薛军	北京大学	民法实证方法笔谈	2012
4	民法实证研究中的计量方法	屈茂辉	湖南大学	民法实证方法笔谈	2012
5	探索司法案例研究的运作方法	张家勇	西南财经大学	民法实证方法笔谈	2012
6	法律文化视野下中国民法实证研究的展开	徐涤宇	湖南大学	民法实证方法笔谈	2012
7	我们需要什么样的公法研究	谢海定	中国社会科学院法学研究所	公法发展与公法研究创新笔谈	2012
8	公法研究中的概念清理和重整	黄文艺	吉林大学	公法发展与公法研究创新笔谈	2012
9	逻辑学方法与法理学研究	刘杨	辽宁大学	公法发展与公法研究创新笔谈	2012

续表

序号	题名	作者	作者单位	笔谈名称	年份
10	公法学如何对待政治事实	翟国强	中国社会科学院法学研究所	公法发展与公法研究创新笔谈	2012
11	法学方法与我国宪法学研究的转型	杜强强	首都师范大学	公法发展与公法研究创新笔谈	2012
12	中国宪法与宪法学的当代使命	徐继强	上海师范大学	公法发展与公法研究创新笔谈	2012
13	公法规范解释方法的研究课题	刘飞	中国政法大学	公法发展与公法研究创新笔谈	2012
14	行政任务取向的行政法学变革	郑春燕	浙江大学	公法发展与公法研究创新笔谈	2012
15	行政法案例研究方法之反思	章志远	苏州大学	公法发展与公法研究创新笔谈	2012
16	应急行政的兴起与行政应急法之建构	戚建刚	中南财经政法大学	公法发展与公法研究创新笔谈	2012
17	国家任务社会化背景下的行政法主题	杨登峰	南京师范大学	公法发展与公法研究创新笔谈	2012
18	中国比较行政法研究的前瞻	李洪雷	中国社会科学院法学研究所	公法发展与公法研究创新笔谈	2012
19	私法和行政法在解释论上的接轨	方新军	苏州大学	公法发展与公法研究创新笔谈	2012
20	理解法治的中国之道	梁迎修	北京师范大学	反思法治：制度、实践与话语笔谈	2012
21	形式法治与法教义学	张翔	中国人民大学	反思法治：制度、实践与话语笔谈	2012
22	法治的三度：形式、实质与程序	陈林林	浙江大学	反思法治：制度、实践与话语笔谈	2012
23	认真对待地方法治	黄文艺	吉林大学	反思法治：制度、实践与话语笔谈	2012
24	务实的法治观应立足于裁判的亚确定性	郭春镇	厦门大学	反思法治：制度、实践与话语笔谈	2012
25	从法民关系思考中国法治	凌斌	北京大学	反思法治：制度、实践与话语笔谈	2012
26	法治的概念策略	刘杨	辽宁大学	反思法治：制度、实践与话语笔谈	2012
27	法治的场境、处境和意境	江国华	武汉大学	反思法治：制度、实践与话语笔谈	2012

续表

序号	题名	作者	作者单位	笔谈名称	年份
28	法治与法的自治性	冉井富	中国社会科学院法学研究所	反思法治：制度、实践与话语笔谈	2012
29	程序主义行政法治	郑春燕	浙江大学	反思法治：制度、实践与话语笔谈	2012
30	城镇化与我国行政法治发展模式转型	章志远	苏州大学	反思法治：制度、实践与话语笔谈	2012
31	法律、法学与法治	白建军	北京大学	刑法学研究之检讨与反思笔谈	2013
32	关于我国刑法学研究转型的思考	陈泽宪	中国社会科学院国际法研究所	刑法学研究之检讨与反思笔谈	2013
33	犯罪论体系与刑法学科建构	梁根林	北京大学	刑法学研究之检讨与反思笔谈	2013
34	犯罪论的体系更迭与学派之争	邓子滨	中国社会科学院法学研究所	刑法学研究之检讨与反思笔谈	2013
35	刑法教义学的规范化塑造	冯军	中国人民大学	刑法学研究之检讨与反思笔谈	2013
36	中国刑法学的文化际遇和理论前景	周少华	东南大学	刑法学研究之检讨与反思笔谈	2013
37	刑法学知识论的发展走向与基本问题	劳东燕	清华大学	刑法学研究之检讨与反思笔谈	2013
38	刑法方法论的中国意义	周光权	清华大学	刑法学研究之检讨与反思笔谈	2013
39	刑法学研究现状之评价与反思	刘艳红	东南大学	刑法学研究之检讨与反思笔谈	2013
40	中国刑法学的现状、传统与未来	车浩	北京大学	刑法学研究之检讨与反思笔谈	2013
41	中国刑法学犯罪论体系之完善	阮齐林	中国政法大学	刑法学研究之检讨与反思笔谈	2013
42	刑事政策研究的理论自觉	孙万怀	华东政法大学	刑法学研究之检讨与反思笔谈	2013
43	为重构刑罚学说寻求新方法	王利荣	西南政法大学	刑法学研究之检讨与反思笔谈	2013
44	中国刑法学的去政治化	欧阳本祺	东南大学	刑法学研究之检讨与反思笔谈	2013
45	刑法研究面向教义学发展的维度与定位	李川	东南大学	刑法学研究之检讨与反思笔谈	2013

续表

序号	题名	作者	作者单位	笔谈名称	年份
46	迈向共和国法治的新时代	李步云	广州大学	全面推进依法治国迈向法治新时代笔谈	2013
47	全面推进依法治国的思考和建议	李林	中国社会科学院法学研究所	全面推进依法治国迈向法治新时代笔谈	2013
48	关于建设法治中国的几点思考	胡云腾	最高人民法院	全面推进依法治国迈向法治新时代笔谈	2013
49	用法治方式推进和巩固法治	程燎原	重庆大学	全面推进依法治国迈向法治新时代笔谈	2013
50	法治建设的意义和方向	周汉华	中国社会科学院法学研究所	全面推进依法治国迈向法治新时代笔谈	2013
51	法治中国建设的关键	马怀德	中国政法大学	全面推进依法治国迈向法治新时代笔谈	2013
52	法治体系与人权保障	付子堂	西南政法大学	全面推进依法治国迈向法治新时代笔谈	2013
53	宪治的共识与可能	孙笑侠	复旦大学	全面推进依法治国迈向法治新时代笔谈	2013
54	依法治国与依宪治国的法理意蕴	刘作翔	中国社会科学院法学研究所	全面推进依法治国迈向法治新时代笔谈	2013
55	我国法治政府建设面临的课题与挑战	李洪雷	中国社会科学院法学研究所	全面推进依法治国迈向法治新时代笔谈	2013
56	依法治国与地方法治	周尚君	西南政法大学	全面推进依法治国迈向法治新时代笔谈	2013
57	解放思想，深入探索，实地调查	梁慧星	中国社会科学院法学研究所	自然资源国家所有权笔谈	2013
58	宪法规定的所有权需要制度性保障	林来梵	清华大学	自然资源国家所有权笔谈	2013
59	借鉴大陆法系传统法律框架构建自然资源法律制度	马俊驹	西南财经大学	自然资源国家所有权笔谈	2013
60	自然资源国家所有权的中国语境与制度传统	薛军	北京大学	自然资源国家所有权笔谈	2013
61	通过解释民法文本回应自然资源所有权的特殊性	谢鸿飞	中国社会科学院法学研究所	自然资源国家所有权笔谈	2013
62	国家所有权的具体内容有待立法形成	张翔	中国人民大学	自然资源国家所有权笔谈	2013
63	自然资源上的权利层次	彭诚信	上海交通大学	自然资源国家所有权笔谈	2013

续表

序号	题名	作者	作者单位	笔谈名称	年份
64	自然资源国家所有权的定位及完善	崔建远	清华大学	自然资源国家所有权笔谈	2013
65	根据民法原理来思考自然资源所有权的制度建设问题	孙宪忠	中国社会科学院法学研究所	自然资源国家所有权笔谈	2013
66	法学实证研究的价值与未来发展	左卫民	四川大学	法学研究方法的理论与实践笔谈	2013
67	法学实证研究方法及其在中国的运用	黄辉	香港中文大学	法学研究方法的理论与实践笔谈	2013
68	实效主义法学方法如何可能	柯华庆	中国政法大学	法学研究方法的理论与实践笔谈	2013
69	公司法的法律经济学进路：正当性及其限度	罗培新	华东政法大学	法学研究方法的理论与实践笔谈	2013
70	正当化视角下的民法比较法研究	解亘	浙江大学	法学研究方法的理论与实践笔谈	2013
71	刑法教义学的先行思考	冯军	中国人民大学	法学研究方法的理论与实践笔谈	2013
72	作为民法学方法的案例研究进路	周江洪	浙江大学	法学研究方法的理论与实践笔谈	2013
73	权力的"助推"与权利的实现	郭春镇	厦门大学	作为方法的权利和权利的方法笔谈	2014
74	群体性事件的发生机理：权利视角	陈柏峰	中南财经政法大学	作为方法的权利和权利的方法笔谈	2014
75	权利理论研究的"再出发"	程燎原	重庆大学	作为方法的权利和权利的方法笔谈	2014
76	权利泛化与现代人的权利生存	汪太贤	西南政法大学	作为方法的权利和权利的方法笔谈	2014
77	反思中国法治进程中的权利泛化	陈林林	浙江大学	作为方法的权利和权利的方法笔谈	2014
78	中国的未列举基本权利	张卓明	华东政法大学	作为方法的权利和权利的方法笔谈	2014
79	可行能力、国家作用与权利的行使	靳文辉	重庆大学	作为方法的权利和权利的方法笔谈	2014
80	坚持党的领导与依法治国	莫纪宏	中国社会科学院法学研究所	全面推进依法治国笔谈	2014
81	构建法治引领和规范改革的新常态	陈甦	中国社会科学院法学研究所	全面推进依法治国笔谈	2014

续表

序号	题名	作者	作者单位	笔谈名称	年份
82	全面推进依法治国的时代意义	李林	中国社会科学院法学研究所	全面推进依法治国笔谈	2014
83	坚定不移走中国特色社会主义法治道路	徐显明	中国法理学研究会	全面推进依法治国笔谈	2014
84	建设中国特色社会主义法治体系	张文显	中国法学会	全面推进依法治国笔谈	2014
85	中国特色社会主义法律体系及其重大意义	信春鹰	全国人大常委会法工委	全面推进依法治国笔谈	2014
86	构筑多元动力机制 加快建设法治政府	周汉华	中国社会科学院法学研究所	全面推进依法治国笔谈	2014
87	以公正司法提升司法公信力	江必新	最高人民法院	全面推进依法治国笔谈	2014

根据对相关文献年度发文数量的统计分析，可得 2012—2014 年《法学研究》专题笔谈发文量年度分布情况，如图 4-1 所示。

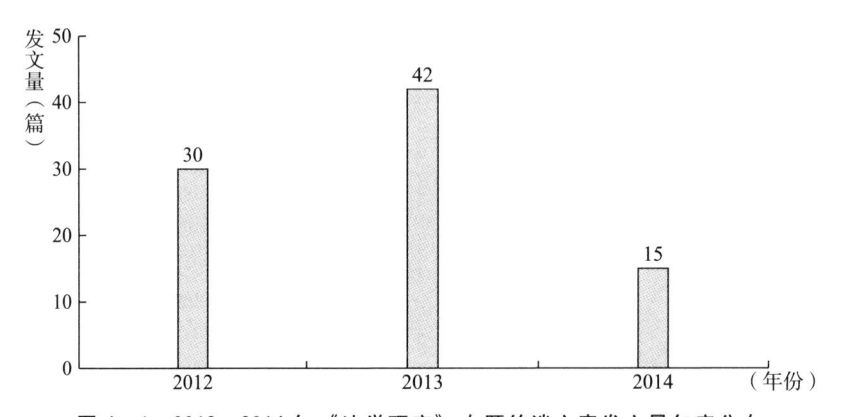

图 4-1　2012—2014 年《法学研究》专题笔谈文章发文量年度分布

由图 4-1 可知，2012—2014 年《法学研究》专题笔谈文章的发文量起伏较大，年均发文量为 29 篇。其中，发文量最多的年份为 2013 年（42 篇），发文量最少的年份为 2014 年（15 篇）。2013 年的发文量占专题笔谈文章总发文量的 48.3%。

2. 发文作者情况

笔者通过统计软件对发文作者进行分析，整理发文量不少于 2 篇的 14 位作者的名单，如表 4-2 所示。统计结果显示，2012—2014 年《法学研究》专题笔谈中，高产作者分别为李林（中国社会科学院法学研究所，2篇）、郭春镇（厦门大学，2篇）、程燎原（重庆大学，2篇）、陈林林（浙江大学，2篇）、冯军（中国人民大学，2篇）、薛军（北京大学，2篇）、张翔（中国人民大学，2篇）、周汉华（中国社会科学院法学研究所，2篇）、付子堂（西南政法大学，2篇）、李洪磊（中国社会科学院法学研究所，2篇）、黄文艺（吉林大学，2篇）、刘杨（辽宁大学，2篇）、郑春燕（浙江大学，2篇）、章志远（苏州大学，2篇）。使用易词云3.0软件绘制专题笔谈作者词云，如图4-2所示。

表4-2　2012—2014年《法学研究》专题笔谈高产作者TOP14

序号	作者	作者单位	发文量（篇）
1	李林	中国社会科学院法学研究所	2
2	郭春镇	厦门大学	2
3	程燎原	重庆大学	2
4	陈林林	浙江大学	2
5	冯军	中国人民大学	2
6	薛军	北京大学	2
7	张翔	中国人民大学	2
8	周汉华	中国社会科学院法学研究所	2
9	付子堂	西南政法大学	2
10	李洪磊	中国社会科学院法学研究所	2
11	黄文艺	吉林大学	2
12	刘杨	辽宁大学	2
13	郑春燕	浙江大学	2
14	章志远	苏州大学	2

依据相关数据，绘制作者职称（学历）分布图，如图4-3所示。由图4-3可知，在专题笔谈的作者中，具有教授职称的作者占70.1%，具有副教授职称的作者占27.6%，研究生作者占1.1%。其中，具有教授或副教授职称的作者发文量占专题笔谈总发文量的97.8%，青年作者数量相对较少。

3. 发文机构情况

2012—2014年《法学研究》所刊载的专题笔谈文章的发文机构有32

图4-2 2012—2014年《法学研究》专题笔谈作者词云

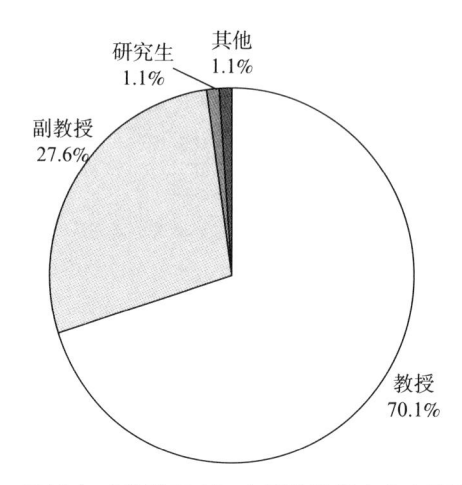

图4-3 2012—2014年《法学研究》专题笔谈发文作者职称（学历）分布

家。笔者整理了专题笔谈发文量不少于2篇的活跃发文机构，如表4-3所示。由表4-3可知，中国社会科学院法学研究所的发文量为16篇，居于专题笔谈发文量的第一位。排名并列第二的为北京大学与浙江大学，发文量达6篇。其后发文量较多的机构为清华大学（5篇）、中国政法大学（4篇）、西南政法大学（4篇）、中国人民大学（4篇）、华东政法大学（4篇）、东南大学（4篇）、重庆大学（3篇）、苏州大学（3篇）、最高人民法院（2篇）、中南财经政法大学（2篇）、西南财经大学（2篇）、厦门大学（2篇）、辽宁大学（2篇）、吉林大学（2篇）和湖南大学（2篇）。为更清晰地展示专题笔谈发文机构分布的情况，笔者绘制专题笔谈文章发文机构分布图，如图4-4所示。从图4-4中我们可以看出，在发文机构中，高校与研究院所所占比重较大，其中，中国社会科学院法学研究所共刊文16篇，占据专题笔谈文章总量的18.4%。

表4-3 2012—2014年《法学研究》专题笔谈活跃发文机构TOP18

序号	发文机构	发文量（篇）
1	中国社会科学院法学研究所	16
2	北京大学	6
3	浙江大学	6
4	清华大学	5
5	中国政法大学	4
6	西南政法大学	4
7	中国人民大学	4
8	华东政法大学	4
9	东南大学	4
10	重庆大学	3
11	苏州大学	3
12	最高人民法院	2
13	中南财经政法大学	2
14	西南财经大学	2
15	厦门大学	2
16	辽宁大学	2
17	吉林大学	2
18	湖南大学	2

4. 高频关键词情况

对87篇纳入文献的关键词词频进行统计分析，可以探究专题笔谈文章的内容特征和研究热点。

笔者通过对相关的87篇文献的关键词进行聚类分析，并修正同义关键词，整理了出现频次不少于3次的关键词（见表4-4）。由统计结果可知，出现频次较多的关键词是全面推进依法治国（5次）、犯罪论体系（5次）、中

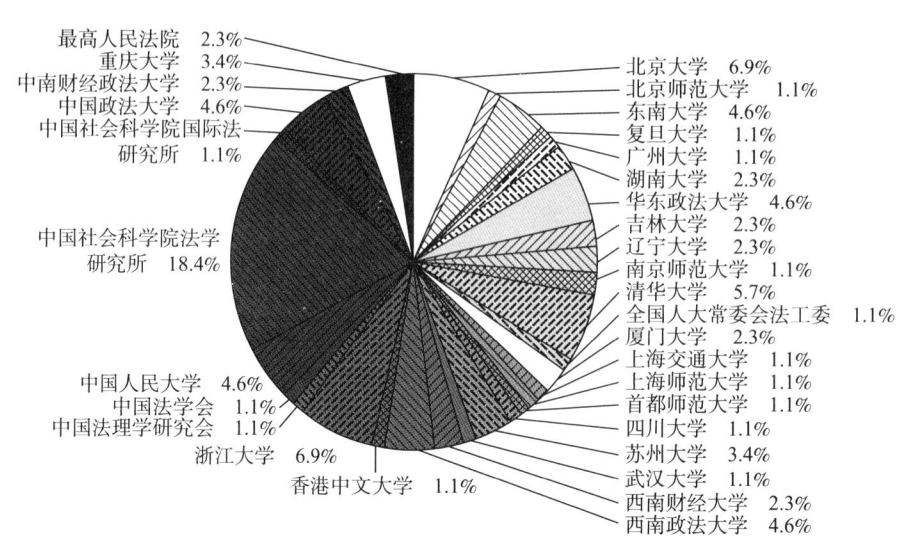

图 4-4 2012—2014 年《法学研究》专题笔谈发文机构分布

国刑法学（5 次）、法学界（5 次）、民法学（5 次）、实证研究（4 次）、刑法教义学（4 次）、刑法典（4 次）、物权法（4 次）、国家所有权（4 次）、刑法学研究（4 次）、刑法理论（4 次）。为了更精确地展示专题笔谈的研究热点，笔者使用易词云 3.0 软件绘制专题笔谈文章关键词词云，如图 4-5 所示。

表 4-4 2012—2014 年《法学研究》专题笔谈高频关键词

序号	关键词	频次（次）	序号	关键词	频次（次）
1	全面推进依法治国	5	13	正当化	3
2	犯罪论体系	5	14	实证研究方法	3
3	中国刑法学	5	15	刑法学者	3
4	法学界	5	16	最高人民法院	3
5	民法学	5	17	法律适用	3
6	实证研究	4	18	所有权制度	3
7	刑法教义学	4	19	刑法观	3
8	刑法典	4	20	刑法学理论	3
9	物权法	4	21	法教义学	3
10	国家所有权	4	22	实证方法	3
11	刑法学研究	4	23	法学研究	3
12	刑法理论	4	24	社会主义法治国家	3

四 专题策划文章统计分析

图 4-5 2012—2014 年《法学研究》专题笔谈文章关键词词云

5. 高被引文章情况

截至 2022 年 10 月 1 日,笔者整理了 2012—2014 年《法学研究》专题笔谈被引频次排名前 10 的文章,如表 4-5 所示。

表 4-5 2012—2014 年《法学研究》专题笔谈高被引文章 TOP10

序号	题名	作者	作者单位	学科	年份	被引频次(次)
1	建设中国特色社会主义法治体系	张文显	中国法学会	法理学	2014	165
2	形式法治与法教义学	张翔	中国人民大学	宪法学	2012	147
3	认真对待地方法治	黄文艺	吉林大学	法理学	2012	84
4	反思中国法治进程中的权利泛化	陈林林	浙江大学	法理学	2014	81
5	权利泛化与现代人的权利生存	汪太贤	西南政法大学	法理学	2014	74
6	法学实证研究方法及其在中国的运用	黄辉	香港中文大学	商法学	2013	73
7	法治的三度:形式、实质与程序	陈林林	浙江大学	法理学	2012	63
8	民法实证研究方法与民法教义学	金可可	华东政法大学	民法学	2012	60

续表

序号	题名	作者	作者单位	学科	年份	被引频次（次）
9	全面推进依法治国的时代意义	李林	中国社会科学院法学研究	法理学	2014	57
10	应急行政的兴起与行政应急法之建构	戚建刚	中南财经政法大学	行政法	2012	55

从表4-5中我们可以看出，被引频次居前10位的文章平均被引频次为85.9次。被引频次最多的文章是张文显教授在2014年发表的《建设中国特色社会主义法治体系》一文，被引频次为165次。排名第二的是张翔教授发表的《形式法治与法教义学》，被引频次为147次。随后是黄文艺教授所撰的《认真对待地方法治》，被引频次为84次。这10篇高被引文章全部为独立研究。从高被引文章的学科分布来看（见图4-6），专题笔谈高被引文章主要集中在法理学领域，法理学文章占60%，而民商法学、行政法学、宪法学等学科也有涉及。

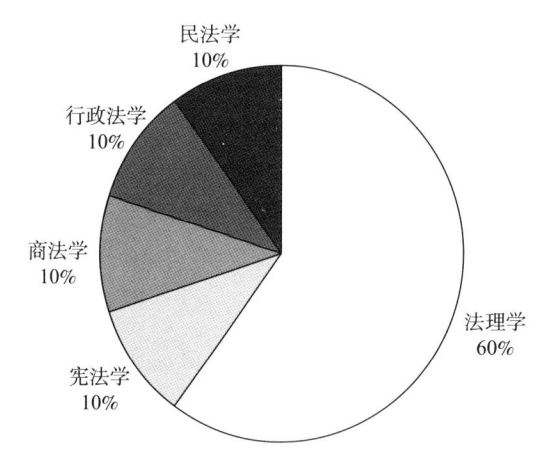

图4-6 2012—2014年《法学研究》专题笔谈高被引文章TOP10学科分布

6. 基金资助情况

统计结果显示，2012—2014年《法学研究》专题笔谈的87篇文章中，无基金论文。这表明在2012—2014年，专题笔谈的研究无基金资助。

（二）前沿科技法学专题论文

1. 论文产出情况

笔者选定《法学研究》期刊官网作为检索来源，通过比照《法学研究》历年题录核对与补充文献，整理前沿科技法学专题论文，共得到26篇论文，且由于前沿科技的时效性，这些论文均刊发于2018年之后，统计结果如表4-6所示。

表4-6　2018—2021年《法学研究》前沿科技法学专题论文

序号	题名	作者	作者单位	学科	研究方向	年份
1	人工智能时代著作权合理使用制度的重塑	林秀芹	厦门大学	知识产权法学	人工智能	2021
2	论区块链证据	刘品新	中国人民大学	刑法学	区块链	2021
3	最小必要原则在平台处理个人信息实践中的适用	武腾	中央财经大学	民法学	个人信息保护	2021
4	数字时代的身份构建及其法律保障：以个人信息保护为中心的思考	陆青	浙江大学	民法学	个人信息保护	2021
5	公共性视角下的互联网平台反垄断规制	张晨颖	清华大学	经济法学	平台经济	2021
6	平台监管的新公用事业理论	高薇	北京大学	经济法学	平台经济	2021
7	法学研究新范式：计算法学的内涵、范畴与方法	申卫星、刘云	清华大学	民法学	大数据	2020
8	司法人工智能的重塑效应及其限度	马长山	华东政法大学	法理学	人工智能	2020
9	网络平台的公共性及其实现——以电商平台的法律规制为视角	刘权	中央财经大学	法理学	平台经济	2020
10	平台经济从业者社会保险法律制度的构建	娄宇	中国政法大学	劳动与社会保障法学	平台经济	2020
11	法学研究目标受众选择的大数据分析	周翔、刘东亮	浙江大学、西安交通大学	法理学	大数据	2020

续表

序号	题名	作者	作者单位	学科	研究方向	年份
12	人工智能与事实认定	栗峥	中国政法大学	法理学	人工智能	2020
13	人工智能时代的法律议论	季卫东	上海交通大学	法理学	人工智能	2019
14	大数据有限排他权的基础理论	崔国斌	清华大学	知识产权法学	大数据	2019
15	电子数据在刑事证据体系中的定位与审查判断规则——基于网络假货犯罪案件裁判文书的分析	胡铭	浙江大学	刑诉法学	电子数据	2019
16	基于数据主权的国家刑事取证管辖模式	梁坤	西南政法大学	刑诉法学	电子数据	2019
17	个人信息私法保护的困境与出路	丁晓东	中国人民大学	法理学	个人信息保护	2018
18	数据的私法定位与保护	纪海龙	华东师范大学	民法学	大数据	2018
19	关键信息基础设施保护的合作治理	陈越峰	华东政法大学	行政法学	网络安全	2018
20	智能互联网时代的法律变革	马长山	华东政法大学	法理学	人工智能	2018
21	个人信息的侵权法保护	叶名怡	上海财经大学	民法学	个人信息保护	2018
22	电子证据真实性的三个层面——以刑事诉讼为例的分析	褚福民	中国政法大学	刑诉法学	电子证据	2018
23	迈向大数据法律研究	左卫民	四川大学	刑诉法学	大数据	2018
24	个人信息保护：从个人控制到社会控制	高富平	华东政法大学	民法学	个人信息保护	2018
25	探索激励相容的个人数据治理之道——中国个人信息保护法的立法方向	周汉华	中国社会科学院法学研究所	行政法学	个人信息保护	2018
26	被遗忘权：传统元素、新语境与利益衡量	刘文杰	中国传媒大学	民法学	个人信息保护	2018

由图 4-7 可知，2018—2021 年《法学研究》前沿科技法学专题的发文量起伏不大，年均发文量为 6.5 篇。其中发文量最多的年份为 2018 年（10 篇），发文量最少的年份为 2019 年（4 篇）。

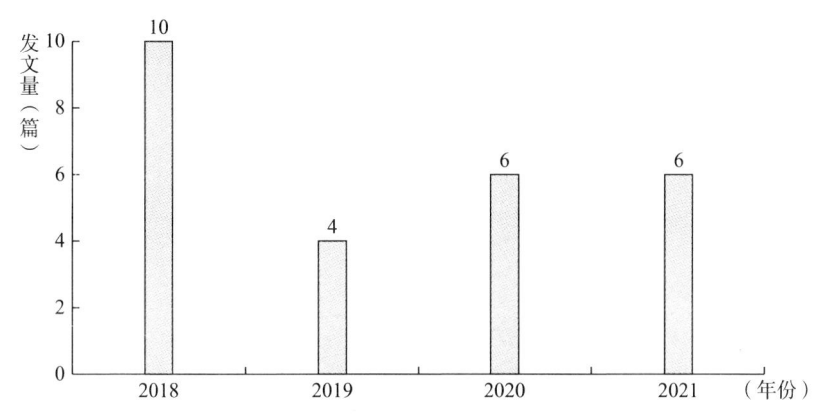

图 4-7 2018—2021 年《法学研究》前沿科技法学专题发文量年度分布

2. 发文机构情况

笔者使用统计软件对前沿科技法学专题论文的发文机构进行分析，整理出发文量不少于 2 篇的活跃发文机构，如表 4-7 所示。由表 4-7 可知，华东政法大学的发文量为 4 篇，居于该专题总发文量的第一位。随后发文量较多的机构为清华大学（3 篇）、浙江大学（3 篇）、中国政法大学（2 篇）、中国人民大学（2 篇）、中央财经大学（2 篇）。为更清晰地展示前沿科技法学专题发文机构的分布情况，笔者绘制该专题论文的发文机构分布图，如图 4-8 所示。从图 4-8 中我们可以看出，华东政法大学发文量占据该专题总发文量的 14.8%。

表 4-7 2018—2021 年《法学研究》前沿科技法学专题活跃发文机构 TOP6

序号	发文机构	发文量（篇）
1	华东政法大学	4
2	清华大学	3
3	浙江大学	3
4	中国政法大学	3
5	中国人民大学	2
6	中央财经大学	2

3. 论文学科情况

统计整理《法学研究》前沿科技法学专题论文的学科分布情况，如

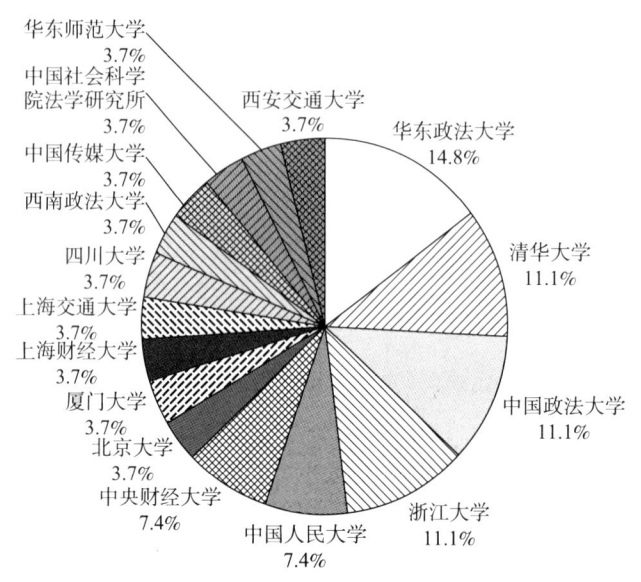

图 4-8 2018—2021 年《法学研究》前沿科技法学专题发文机构分布

图 4-9 所示。由图 4-9 可知，26 篇论文分属于 8 个领域。其中，发文量最多的学科是法理学与民法学（各 26.9%），随后是刑诉法学（15.4%）、行政法学（7.7%）、知识产权法学（7.7%）、经济法学（7.7%）、刑法学（3.8%）、社会保障法学（3.8%）。

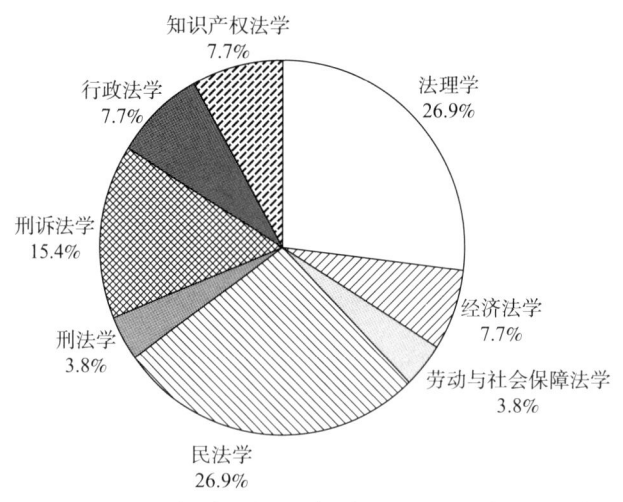

图 4-9 2018—2021 年《法学研究》前沿科技法学专题论文学科分布

4. 高频关键词情况

对 26 篇纳入文献的关键词词频进行统计分析，可以探究前沿科技法学专题论文的内容特征和研究热点。

笔者通过对相关的26篇文献的关键词进行聚类分析，并修正同义关键词，整理了出现频次不少于2次的关键词（见表4-8）。由统计结果可知，出现频次较多的关键词是个人信息（5次）、人工智能（4次）、个人信息保护（3次）、大数据（3次）、电子数据（3次）、电子证据（2次）、网络平台（2次）、智慧司法（2次）、真实性（2次）。为了更精确地展示前沿科技法学专题的研究热点，笔者使用易词云3.0软件绘制该专题论文关键词词云，如图4-10所示。由图4-10可知，该专题的研究热点主要集中在个人信息、人工智能等领域，紧跟前沿科技法学发展的时代浪潮。

表4-8 2018—2021年《法学研究》前沿科技法学专题论文高频关键词

序号	关键词	频次（次）
1	个人信息	5
2	人工智能	4
3	个人信息保护	3
4	大数据	3
5	电子数据	3
6	电子证据	2
7	网络平台	2
8	智慧司法	2
9	真实性	2

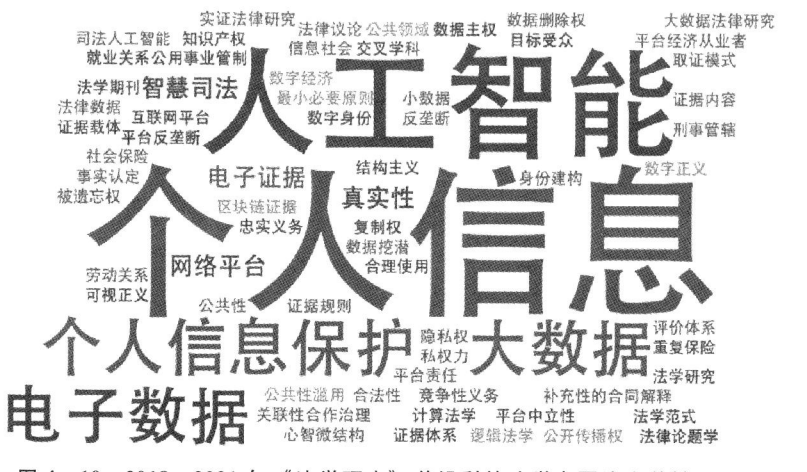

图4-10 2018—2021年《法学研究》前沿科技法学专题论文关键词词云

5. 高被引论文情况

截至 2022 年 10 月 1 日，笔者整理了 2018—2021 年《法学研究》前沿科技法学专题被引频次排名前 10 的论文，如表 4-9 所示。

表 4-9　2018—2021 年《法学研究》前沿科技法学专题高被引论文 TOP10

序号	题名	作者	作者单位	学科	研究方向	年份	被引频次（次）
1	个人信息保护：从个人控制到社会控制	高富平	华东政法大学	民法学	个人信息保护	2018	832
2	探索激励相容的个人数据治理之道——中国个人信息保护法的立法方向	周汉华	中国社会科学院法学研究所	行政法学	个人信息保护	2018	625
3	个人信息私法保护的困境与出路	丁晓东	中国人民大学	法理学	个人信息保护	2018	438
4	智能互联网时代的法律变革	马长山	华东政法大学	法理学	人工智能	2018	436
5	个人信息的侵权法保护	叶名怡	上海财经大学	民法学	个人信息保护	2018	391
6	数据的私法定位与保护	纪海龙	华东师范大学	民法学	大数据	2018	295
7	网络平台的公共性及其实现——以电商平台的法律规制为视角	刘权	中央财经大学	法理学	平台经济	2020	209
8	被遗忘权：传统元素、新语境与利益衡量	刘文杰	中国传媒大学	民法学	个人信息保护	2018	209
9	电子证据真实性的三个层面——以刑事诉讼为例的分析	褚福民	中国政法大学	刑诉法学	电子证据	2018	165
10	大数据有限排他权的基础理论	崔国斌	清华大学	知识产权法学	大数据	2019	150

从表 4-9 中我们可以看出，被引频次居前 10 位的论文的平均被引频次为 375 次。被引频次最多的论文是高富平教授在 2018 年发表的《个人信息保护：从个人控制到社会控制》一文，被引频次为 832 次。排名第二的是周汉华教授所作并于 2018 年发表的《探索激励相容的个人数据治理之道——中国个人信息保护法的立法方向》，被引频次为 625 次。随后是丁

晓东教授发表的《个人信息私法保护的困境与出路》，被引频次为438次。这10篇高被引论文全部为独立研究。从高被引论文的学科分布来看（见图4-11），前沿科技法学专题高被引论文主要集中在民法学与法理学领域。

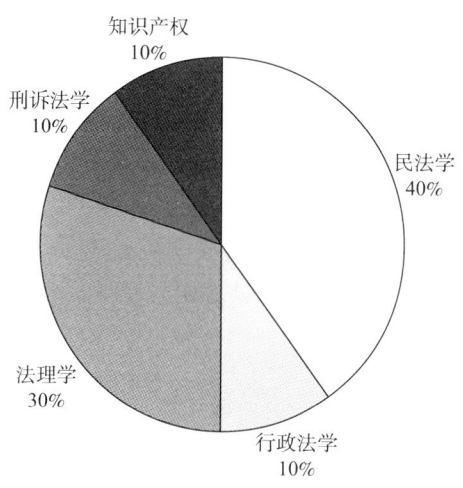

图4-11 2018—2021年《法学研究》前沿科技法学专题高被引论文TOP10学科分布

6. 基金资助情况

在2018—2021年该专题26篇论文中，基金论文共14篇，即有53.8%的论文为科研基金项目成果（见图4-12）。

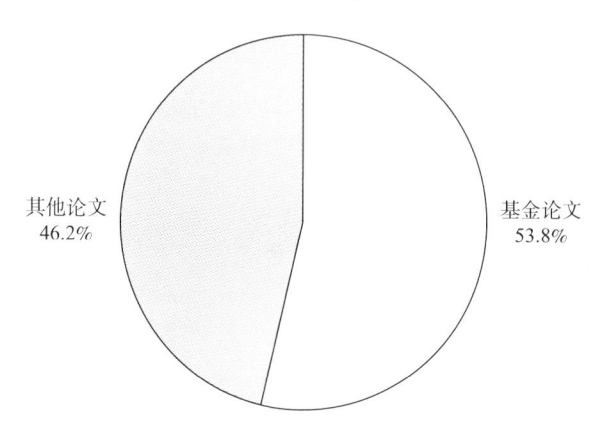

图4-12 2018—2021年《法学研究》前沿科技法学专题基金论文和其他论文分布

7. 被重要文摘转载情况

笔者选取被《新华文摘》《中国社会科学文摘》《高等学校文科学术文摘》《人大复印报刊资料》《社会科学文摘》转载论文数量这一指标，通过收集《法学研究》该专题被转载论文，考察其文献特征，分析该专题论文的影响力现状（见表4-10）。

由表4-10可知，在该专题中，被"五大文摘"转载的优秀论文共15篇，被转载作者有16人。从学科分布来看（如图4-13所示），被转载论文中，法理学的论文最多，占该部分总被转载量的33.3%，随后是民法学（20%）、刑诉法学（13.3%）、知识产权法学（13.3%）、经济法学（6.7%）、劳动与社会保障法学（6.7%）。被转载论文数量较多的发文机构为清华大学（3篇）、中国政法大学（3篇）和华东政法大学（2篇）。

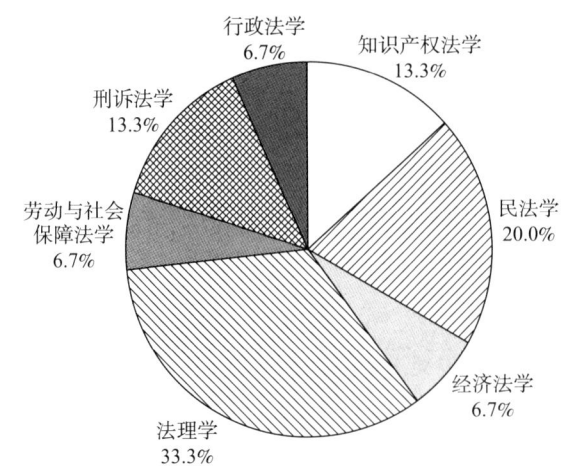

图4-13 2018—2021年《法学研究》前沿科技法学专题
被"五大文摘"转载论文学科分布

（三）组稿专题论文

1. 论文产出情况

笔者选定《法学研究》期刊官网作为检索来源，通过筛除无关数据，人工比照《法学研究》历年题录进行核对与补充，对组稿专题论文进行统

四 专题策划文章统计分析

表4-10 2018—2021年《法学研究》前沿科技法学专题被"五大文摘"转载论文

序号	题名	作者	作者单位	学科	年份	转载载体
1	人工智能时代著作权合理使用制度的重塑	林秀芹	厦门大学	知识产权法学	2021	《人大复印报刊资料》
2	最小必要原则在平台处理个人信息实践中的适用	武腾	中央财经大学	民法学	2021	《人大复印报刊资料》
3	公共性视角下的互联网平台反垄断规制	张晨颖	清华大学	经济法学	2021	《人大复印报刊资料》
4	法学研究新范式：计算法学的内涵、范畴与方法	申卫星、刘云	清华大学	民法学	2020	《中国社会科学文摘》《高等学校文科学术文摘》
5	司法人工智能的重塑效应及其限度	马长山	华东政法大学	法理学	2020	《人大复印报刊资料》
6	平台经济从业者社会保险法律制度的构建	娄宇	中国政法大学	劳动与社会保障法学	2020	《人大复印报刊资料》
7	人工智能与事实认定	栗峥	中国政法大学	法理学	2020	《社会科学文摘》《高等学校文科学术文摘》《中国社会科学文摘》
8	人工智能时代的法律议论	季卫东	上海交通大学	法理学	2019	《新华文摘》
9	大数据有限排他权的基础理论	崔国斌	清华大学	知识产权	2019	《中国社会科学文摘》《高等学校文科学术文摘》
10	电子数据在刑事证据体系中的定位与审查判断规则——基于网络犯罪案件裁判文书的分析	胡铭	浙江大学	刑诉法学	2019	《人大复印报刊资料》
11	个人信息私法保护的困境与出路	丁晓东	中国人民大学	法理学	2018	《人大复印报刊资料》

续表

序号	题名	作者	作者单位	学科	年份	转载载体
12	数据的私法定位与保护	纪海龙	华东师范大学	民法学	2018	《人大复印报刊资料》
13	智能互联网时代的法律变革	马长山	华东政法大学	法理学	2018	《新华文摘》《高等学校文科学术文摘》《中国社会科学文摘》
14	电子证据真实性的三个层面——以刑事诉讼为例的分析	褚福民	中国政法大学	刑诉法学	2018	《人大复印报刊资料》
15	探索激励相容的个人数据治理之道——中国个人信息保护的立法方向	周汉华	中国社会科学院法学研究所	行政法学	2018	《新华文摘》《社会科学文摘》

计与整理，共得到101篇论文。由于对"马克思主义法学专论"栏目论文已在前文作单独研究分析，故本部分不再将其纳入统计之列，亦不再作特殊说明。剔除"马克思主义法学专论"栏目论文，共得到组稿专题论文67篇，统计结果如表4-11所示。

表4-11 2012—2021年《法学研究》组稿专题论文

序号	题名	作者	作者单位	年份
1	人工智能时代著作权合理使用制度的重塑	林秀芹	厦门大学	2021
2	全球知识产权治理博弈的深层话语构造：中国范式和中国路径	邵科	南京大学	2021
3	注册商标使用中的"未改变显著特征"	付继存	中国政法大学	2021
4	破产法的指标化进路及其检讨——以世界银行"办理破产"指标为例	高丝敏	清华大学	2021
5	合作治理语境下的法治化营商环境建设	石佑启、陈可翔	广东外语外贸大学	2021
6	国际税收协定解释的困境及其纾解	崔晓静	武汉大学	2021
7	法治化营商环境建设的合规机制——以刑事合规为中心	李本灿	山东大学	2021
8	关联交易规制的世行范式评析与中国范式重构	汪青松	西南政法大学	2021
9	法学研究新范式：计算法学的内涵、范畴与方法	申卫星、刘云	清华大学	2020
10	中国第一代马克思主义法学家的理论开创	程梦婧	重庆大学	2020
11	论权利之功能	张恒山	天津大学	2020
12	全球金融治理的合法性困局及其应对	廖凡	中国社会科学院国际合作局	2020
13	刑民交叉实体问题的解决路径——"法律效果论"之展开	陈少青	对外经济贸易大学	2020
14	法学研究目标受众选择的大数据分析	周翔、刘东亮	浙江大学、西安交通大学	2020
15	支持理论下民事诉讼当事人法律意识的实证研究	冯晶	西南政法大学	2020
16	裁判文书援引学说的基本原理与规则建构	金枫梁	上海大学	2020

续表

序号	题名	作者	作者单位	年份
17	刑民交叉案件中的事实认定与证据使用	龙宗智	四川大学	2018
18	金融科技背景下金融监管范式的转变	周仲飞、李敬伟	中国浦东干部学院、对外经济贸易大学	2018
19	互联网金融风险的社会特性与监管创新	许多奇	上海交通大学	2018
20	智能投资顾问模式中的主体识别和义务设定	高丝敏	清华大学	2018
21	个人信息的侵权法保护	叶名怡	上海财经大学	2018
22	个人信息保护：从个人控制到社会控制	高富平	华东政法大学	2018
23	民刑交叉诉讼关系处理的规则与法理	张卫平	天津大学、清华大学	2018
24	探索激励相容的个人数据治理之道——中国个人信息保护法的立法方向	周汉华	中国社会科学院法学研究所	2018
25	被遗忘权：传统元素、新语境与利益衡量	刘文杰	中国传媒大学	2018
26	侵犯公民个人信息罪"情节严重"的法理重述	石聚航	南昌大学	2018
27	个人信息大数据与刑事正当程序的冲突及其调和	裴炜	北京航空航天大学	2018
28	夫妻财产制与财产法规则的冲突与协调	裴桦	大连海事大学	2017
29	夫妻共同财产的潜在共有	龙俊	清华大学	2017
30	家庭法与民法知识谱系的分立	刘征峰	中南财经政法大学	2017
31	婚姻家庭立法的同一性原理——以婚姻家庭理念、形态与财产法律结构为中心	金眉	中国政法大学	2017
32	国际私法与民法典的分与合	宋晓	南京大学	2017
33	完善认罪认罚从宽制度：中国语境下的关键词展开	魏晓娜	中国人民大学	2016
34	积极刑法立法观在中国的确立	周光权	清华大学	2016
35	刑法体系的合宪性调控——以"李斯特鸿沟"为视角	张翔	中国人民大学	2016
36	民法典编纂的宪法学透析	林来梵	清华大学	2016
37	善终、凶死与杀人偿命——中国人死刑观念的文化阐释	尚海明	西南政法大学	2016
38	民法基本原则：理论反思与法典表达	于飞	中国政法大学	2016
39	主体制度民商合一的中国路径	汪青松	西南政法大学	2016

续表

序号	题名	作者	作者单位	年份
40	治理体系的完善与民法典的时代精神	石佳友	中国人民大学	2016
41	民法典与民事诉讼法的连接与统合——从民事诉讼法视角看民法典的编纂	张卫平	清华大学	2016
42	法官责任制度的三种模式	陈瑞华	北京大学	2015
43	以审判为中心的刑事诉讼制度改革	魏晓娜	中国人民大学	2015
44	地方各级人民法院宪法地位的规范分析	王建学	厦门大学	2015
45	省级统管地方法院法官任用改革审思——基于实证考察的分析	左卫民	四川大学	2015
46	四级两审制的发生和演化	刘忠	同济大学	2015
47	检察人员对分类管理改革的立场——以问卷调查为基础	程金华	华东政法大学	2015
48	城镇规划区违建执法困境及其解释——国家能力的视角	陈柏峰	中南财经政法大学	2015
49	农业转移人口公民化与城市治理秩序重建	马长山	华东政法大学	2015
50	城市化升级转型中的社会保障与社会法	魏建国	黑龙江大学	2015
51	城市空间利益的正当分配——从规划行政许可侵犯相邻权益案切入	陈越峰	华东政法大学、中国社会科学院法学研究所	2015
52	土地发展权与土地增值收益的分配	程雪阳	苏州大学	2014
53	土地规划管理改革：权利调整与法治构建	党国英、吴文媛	中国社会科学院农村发展研究所、雅克兰德设计有限公司	2014
54	农民土地财产权保护的观念转变及其立法回应——以农村集体经济有效实现为视角	耿卓	中南财经政法大学	2014
55	我国农村土地法律制度变革的思路与框架——十八届三中全会《决定》相关内容解读	陈小君	中南财经政法大学	2014
56	新型农业经营体系下农地产权结构的法律逻辑	高圣平	中国人民大学	2014
57	宅基地管理与物权法的适用限度	桂华、贺雪峰	华中科技大学	2014
58	征收制度的调整及体系效应	崔建远	清华大学	2014
59	城市化与"入城"集体土地的归属	黄忠	西南政法大学	2014

续表

序号	题名	作者	作者单位	年份
60	我国行政审批制度的改革及其法律规制	王克稳	苏州大学	2014
61	解困行政审批改革的新路径	沈岿	北京大学	2014
62	作为规制与治理工具的行政许可	Colin Scott、石肖雪	爱尔兰都柏林大学、浙江大学	2014
63	行政许可标准的冲突及解决	骆梅英	浙江工商大学	2014
64	自然资源国家所有权三层结构说	王涌	中国政法大学	2013
65	自然资源国家所有权之国家所有制说	徐祥民	中国海洋大学	2013
66	自然资源国家所有权双阶构造说	税兵	南京大学	2013
67	自然资源国家所有公权说	巩固	浙江大学	2013

根据对相关文献年度发文数量的统计分析，可得 2012—2021 年《法学研究》组稿专题发文量年度分布情况，如图 4-14 所示。

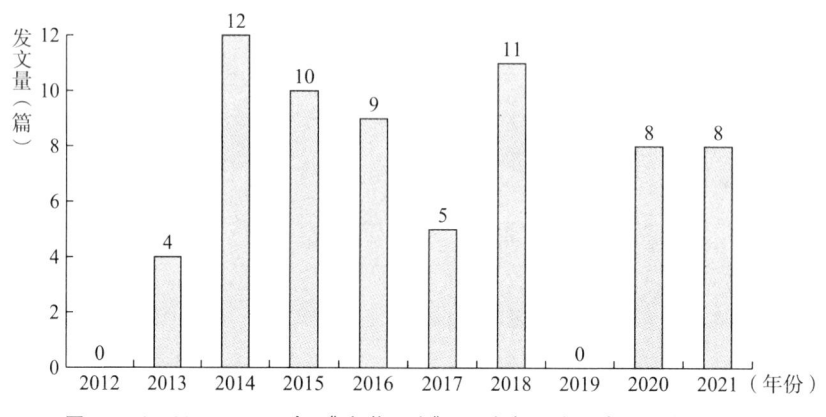

图 4-14　2012—2021 年《法学研究》组稿专题论文发文量年度分布

由图 4-14 可知，2012—2021 年《法学研究》组稿专题的年均发文量为 6.7 篇，其中发文量最多的年份为 2014 年（12 篇），2012 年与 2019 年未发文。2012—2014 年，组稿专题的发文量呈迅速上升趋势；2015—2017 年，组稿专题的发文量逐年降低；在 2018 年，发文量出现一次较高值（11 篇）；随后 2019 年未发文；2020—2021 年，发文量则较为平稳。

2. 发文作者情况

统计结果显示，2012—2021 年《法学研究》组稿专题的作者中，有 4 位作者发文量不少于 2 篇。发文量排名前 4 的作者分别为高丝敏（清华大学，2篇）、汪青松（西南政法大学，2篇）、张卫平（天津大学、清华大学，2篇）、魏晓娜（中国人民大学，2篇），如表 4-12 所示。使用易词云 3.0 软件绘制组稿专题发文作者词云，如图 4-15 所示。

表 4-12　2012—2021 年《法学研究》组稿专题高产作者 TOP4

序号	作者	作者单位	发文量（篇）
1	高丝敏	清华大学	2
2	汪青松	西南政法大学	2
3	张卫平	天津大学、清华大学	2
4	魏晓娜	中国人民大学	2

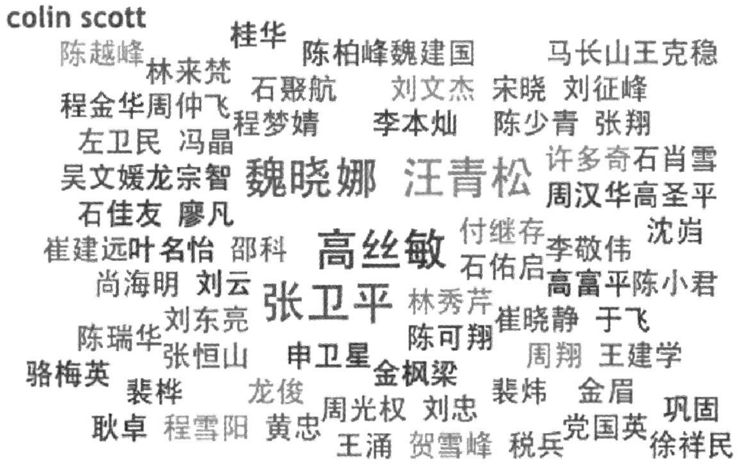

图 4-15　2012—2021 年《法学研究》组稿专题发文作者词云

依据相关数据，绘制作者职称（学历）分布图，如图 4-16 所示。由图 4-16 可知，在组稿专题的发文作者中，具有教授职称的作者占 57.5%，具有副教授职称的作者占 26%，具有讲师职称的作者占 11%，博士后作者占 4.1%，其他占 1.4%。

3. 发文机构情况

笔者整理了 2012—2021 年《法学研究》组稿专题发文量不少于 3 篇的活跃发文机构，如表 4-13 所示。由表 4-13 可知，清华大学的发文量为 9 篇，居于组稿专题发文量的第一位。随后发文量较多的机构为西南政法大学（5 篇）、华东政法大学（4 篇）、中国人民大学（4 篇）、中国政

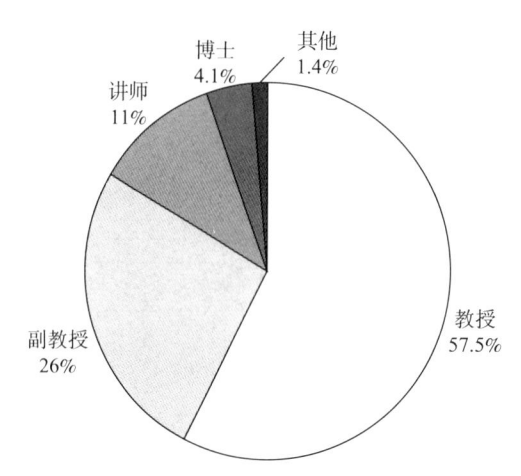

图 4-16　2012—2021 年《法学研究》组稿专题发文作者职称（学历）分布

大学（4 篇）、中南财经政法大学（4 篇）、南京大学（3 篇）、浙江大学（3 篇）。为更清晰地展示组稿专题发文机构分布的情况，笔者绘制组稿专题论文发文机构词云，如图 4-17 所示。

表 4-13　2012—2021 年《法学研究》组稿专题活跃发文机构 TOP8

序号	发文机构	发文量（篇）
1	清华大学	9
2	西南政法大学	5
3	华东政法大学	4
4	中国人民大学	4
5	中国政法大学	4
6	中南财经政法大学	4
7	南京大学	3
8	浙江大学	3

4. 刊文学科分布情况

统计整理《法学研究》组稿专题论文的学科分布情况，如图 4-18 所示。由图 4-18 可知，67 篇论文分属于 13 个领域。其中，发文量最多的学科是民法学（28.4%），随后是法理学（13.4%）、行政法学（10.4%）、刑诉法学（9%）、刑法学（9%）、宪法学（6%）、国际法学（4.5%）、民诉法学（4.5%）、经济法学（4.5%）、知识产权法学（4.5%）、商法

图 4-17　2012—2021 年《法学研究》组稿专题发文机构词云

学（3%）、劳动与社会保障法学（1.5%）、环境法学（1.5%）。学科分布较广，但是并不均衡。

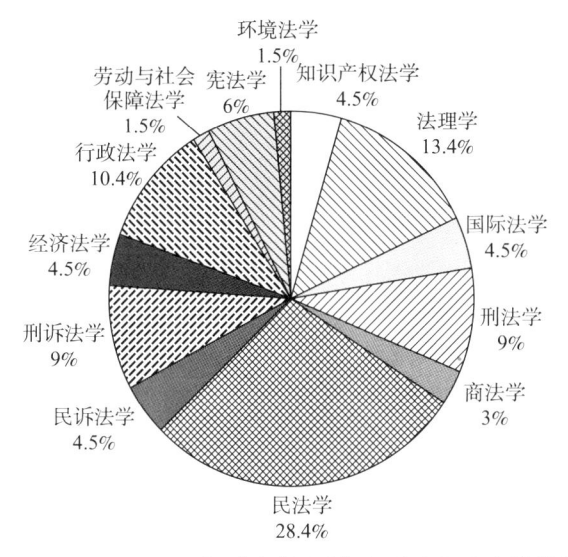

图 4-18　2012—2021 年《法学研究》组稿专题论文学科分布

5. 具体专题情况

统计整理《法学研究》组稿专题论文的具体专题分布情况，如图 4-19 所示。由图 4-19 可知，发文量最多的专题为不动产法律制度完善论坛（11.9%），随后是个人信息使用与保护的法律机制论坛（9%）、依法治国与深化司法制度改革论坛（9%）、新时期金融稳定与法治保障论坛（9%）、营商环境的法治化论坛（7.5%）、自然资源国家所有权专题（6%）、行政审批与规制改革专题（6%）、刑事法治体系与刑法修正论坛（6%）、城市化与法治化论坛（6%）、亲属法的传承与现代化论坛（6%）、"三大体系"专论（6%）、创新驱动与国际博弈下的知识产权研究论坛（4.5%，该专题下还有几篇文章在 2022 年刊发，未纳入本节统计之列）、民刑交叉专题（4.5%）、促进法学研究与司法实践的良性互动论坛（4.5%）、民法典与部门法的关系专题（4.5%）、编纂民法典论坛（4.5%）。

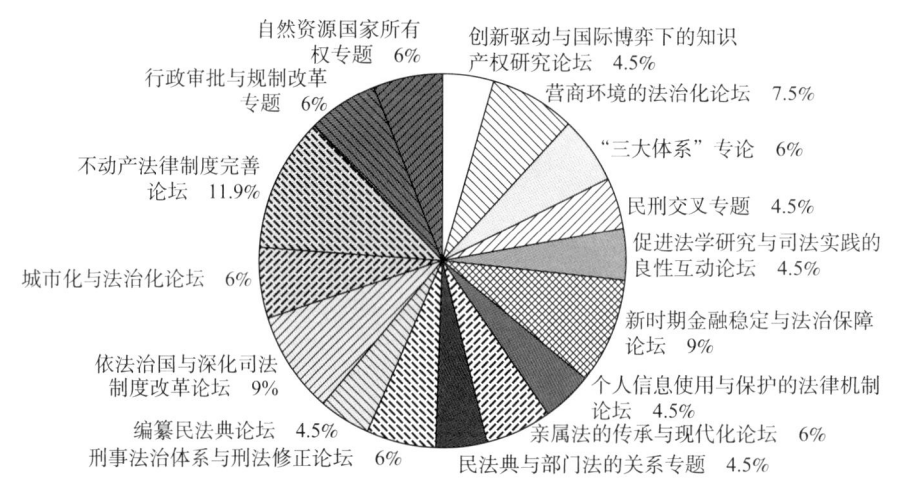

图 4-19　2012—2021 年《法学研究》组稿专题的具体专题分布

6. 高频关键词情况

对 67 篇纳入文献的关键词词频进行统计分析，可以揭示出专题组稿论文的内容特征和研究热点。

笔者通过对相关的 67 篇文献的关键词进行聚类分析，并修正同义关键词，整理了出现频次不少于 3 次的关键词（见表 4-14）。由统计结果可知，出现频次较多的关键词是自然资源（4 次）、国家所有权（4 次）、营商环境（3 次）、司法改革（3 次）、个人信息（3 次）、民法典（3 次）、行政许可（3 次）。为了更精确地展示这十年组稿专题论文的研究热点，笔者使用易词云 3.0 软件绘制组稿专题论文关键词词云，如图 4-20 所示。

表 4 – 14　2012—2021 年《法学研究》组稿专题论文高频关键词

序号	关键词	频次（次）
1	自然资源	4
2	国家所有权	4
3	营商环境	3
4	司法改革	3
5	个人信息	3
6	民法典	3
7	行政许可	3

图 4 – 20　2012—2021 年《法学研究》组稿专题论文关键词词云

7. 高被引论文情况

截至 2022 年 10 月 1 日，笔者整理了 2012—2021 年组稿专题被引频次排名前 10 的论文，如表 4 – 15 所示。

从表 4 – 15 中我们可以看出，被引频次居前 10 位的论文的平均被引频次为 514.4 次，远远高于该刊平均被引频次。被引频次最多的论文是高富平教授在 2018 年发表的《个人信息保护：从个人控制到社会控制》一文，被引频次为 832 次。排名第二的是魏晓娜教授所作并于 2016 年发表的《完善认罪认罚从宽制度：中国语境下的关键词展开》，被引频次为 786 次。随后是陈小君教授发表的《我国农村土地法律制度变革的思路与框架——十八届

表 4-15　2012—2021 年《法学研究》组稿专题高被引论文 TOP10

序号	题名	作者	作者单位	专题名称	学科	年份	被引频次（次）
1	个人信息保护：从个人控制到社会控制	高富平	华东政法大学	个人信息使用与保护的法律机制论坛	民法学	2018	832
2	完善认罪认罚从宽制度：中国语境下的关键词展开	魏晓娜	中国人民大学	刑事法治体系与刑法修正论坛	刑诉法学	2016	786
3	我国农村土地法律制度变革的思路与框架——十八届三中全会《决定》相关内容解读	陈小君	中南财经政法大学	不动产法律制度完善论坛	民法学	2014	694
4	探索激励相容的个人数据治理之道——中国个人信息保护法的立法方向	周汉华	中国社会科学院法学研究所	个人信息使用与保护的法律机制论坛	行政法学	2018	625
5	积极刑法立法观在中国的确立	周光权	清华大学	刑事法治体系与刑法修正论坛	刑法学	2016	526
6	个人信息的侵权法保护	叶名怡	上海财经大学	个人信息使用与保护的法律机制论坛	民法学	2018	391
7	新型农业经营体系下农地产权结构的法律逻辑	高圣平	中国人民大学	不动产法律制度完善论坛	民法学	2014	371
8	我国行政审批制度的改革及其法律规制	王克稳	苏州大学	行政审批与规制改革专题	行政法学	2014	335
9	土地发展权与土地增值收益的分配	程雪阳	苏州大学	不动产法律制度完善论坛	宪法学	2014	296
10	法官责任制度的三种模式	陈瑞华	北京大学	依法治国与深化司法制度改革论坛	刑诉法学	2015	288

三中全会〈决定〉相关内容解读》，被引频次为 694 次。这 10 篇高被引论文均为独立研究。从学科分布来看（见图 4-21），组稿专题高被引论文主要集中在民法学、刑诉法学与行政法学领域。

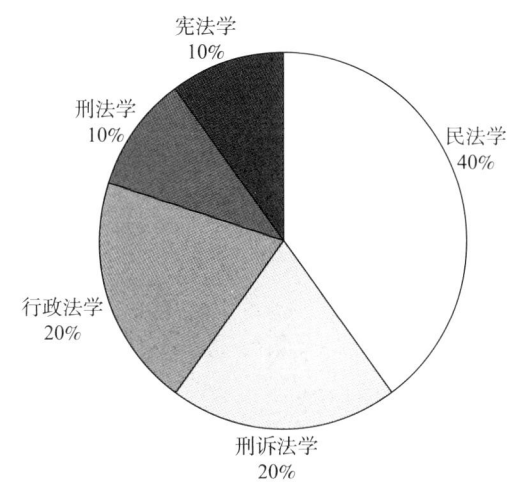

图 4-21 2012—2021 年《法学研究》组稿专题高
被引论文 TOP10 学科分布

8. 基金资助情况

在 2012—2021 年《法学研究》组稿专题 67 篇论文中，基金论文共 42 篇，基金论文比为 62.7%（见图 4-22）。

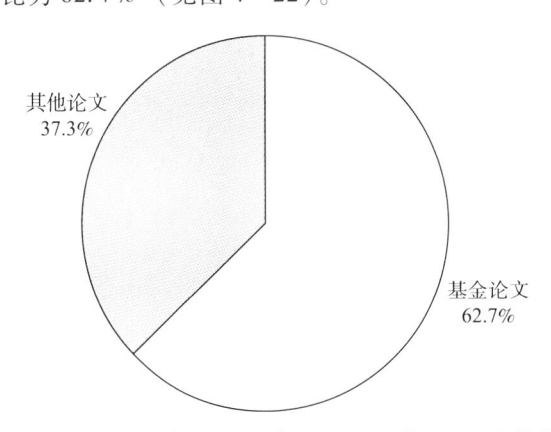

图 4-22 2012—2021 年《法学研究》组稿专题基金论文和其他论文分布

9. 被重要文摘转载情况

笔者选取被《新华文摘》《中国社会科学文摘》《高等学校文科学术

文摘》《人大复印报刊资料》《社会科学文摘》转载论文数量这一指标，通过收集《法学研究》该专题被转载论文，考察其文献特征，分析组稿专题论文的影响力现状（见表4-16）。

由表4-16可知，在该专题中，被"五大文摘"选择转载的优秀论文共30篇。从学科分布来看（如图4-23所示），被转载文章中，法理学的文章最多，占该部分总被转载量的23.3%，随后是刑诉法学（13.3%）、民法学（13.3%）、经济法学（10%）、刑法学（10%）、行政法学（6.7%）、商法学（3.3%）、知识产权法学（3.3%）、民诉法学（3.3%）、国际法学（3.3%）。被转载文章数量较多的发文机构为清华大学（5篇）、厦门大学（2篇）、对外经济贸易大学（2篇）、四川大学（2篇）、中国人民大学（2篇）、中南财经政法大学（2篇）和华东政法大学（2篇）。

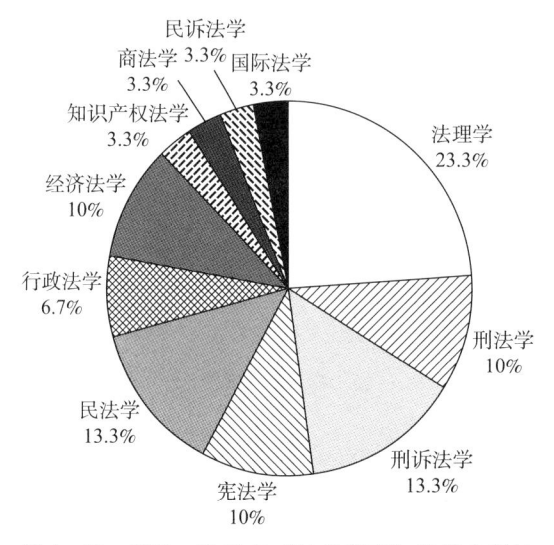

图4-23 2012—2021年《法学研究》组稿专题被"五大文摘"转载论文学科分布

（四）小结

本部分对2012—2021年《法学研究》专题笔谈、前沿科技法学专题、组稿专题发文情况进行了科学计量与知识图谱分析，绘制了该部分的画像。

四　专题策划文章统计分析

表4-16　2012—2021年《法学研究》组稿专题被"五大文摘"转载的论文

序号	题名	作者	作者单位	学科属性	年份	转载载体
1	人工智能时代著作权合理使用制度的重塑	林秀芹	厦门大学	知识产权法学	2021	《人大复印报刊资料》
2	破产法的指标化进路及其检讨——以世界银行"办理破产"指标为例	高丝敏	清华大学	商法学	2021	《人大复印报刊资料》
3	合作治理语境下的法治化营商环境建设	石佑启、陈可翔	广东外语外贸大学	法理学	2021	《新华文摘》
4	法学研究新范式：计算法学的内涵、范畴与方法	申卫星、刘云	清华大学	民法学	2020	《中国社会科学文摘》《高等学校文科学术文摘》
5	中国第一代马克思主义法学家的理论开创	程梦婧	重庆大学	法理学	2020	《中国社会科学文摘》
6	论权利之功能	张恒山	天津大学	法理学	2020	《人大复印报刊资料》《高等学校文科学术文摘》
7	刑民交叉实体问题的解决路径——"法律效果论"之展开	陈少青	对外经济贸易大学	刑法学	2020	《人大复印报刊资料》
8	裁判文书援引学说的基本原理与规则建构	金枫梁	上海大学	法理学	2020	《人大复印报刊资料》《高等学校文科学术文摘》
9	刑民交叉案件中的事实认定与证据使用	龙宗智	四川大学	刑诉法学	2018	《人大复印报刊资料》《高等学校文科学术文摘》
10	金融科技背景下金融监管范式的转变	周仲飞、李敬伟	中国浦东干部学院、对外经济贸易大学	经济法学	2018	《人大复印报刊资料》
11	互联网金融风险的社会特性与监管创新	许多奇	上海交通大学	经济法学	2018	《人大复印报刊资料》《社会科学文摘》

续表

序号	题名	作者	作者单位	学科属性	年份	转载载体
12	智能投资顾问模式中的主体识别和义务设定	高丝敏	清华大学	经济法学	2018	《人大复印报刊资料》
13	智能互联网时代的法律变革	马长山	华东政法大学	法理学	2018	《社会科学文摘》《新华文摘》《高等学校文科学术文摘》《中国社会科学文摘》
14	探索激励相容的个人数据治理之道——中国个人信息保护法的立法方向	周汉华	中国社会科学院法学研究所	行政法学	2018	《社会科学文摘》《新华文摘》
16	婚姻家庭立法的同一性原理——以婚姻家庭理念、形态与财产法律结构为中心	金眉	中国政法大学	民法学	2017	《社会科学文摘》
18	刑法体系的合宪性调控——以"李斯特鸿沟"为视角	张翔	中国人民大学	刑法学	2016	《中国社会科学文摘》《社会科学文摘》
19	民法典编纂的宪法学透析	林来梵	清华大学	宪法学	2016	《人大复印报刊资料》
20	治理体系的完善与民法典的时代精神	石佳友	中国人民大学	民诉法学	2016	《人大复印报刊资料》
21	民法典与民事诉讼法的连接与统合——从民事诉讼法视角看民法典的编纂	张卫平	清华大学	民诉法学	2016	《社会科学文摘》《中国社会科学文摘》
22	法官责任制度的三种横式	陈瑞华	北京大学	刑诉法学	2015	《人大复印报刊资料》
23	以审判为中心的刑事诉讼制度改革	魏晓娜	中国人民大学	刑诉法学	2015	《新华文摘》
24	地方各级人民法院宪法地位的规范分析	王建学	厦门大学	宪法学	2015	《人大复印报刊资料》
25	省级统管地方法院法官任用改革审思——基于实证考察的分析	左卫民	四川大学	刑诉法学	2015	《人大复印报刊资料》

四 专题策划文章统计分析

续表

序号	题名	作者	作者单位	学科属性	年份	转载载体
26	检察人员对分类管理改革的立场——以问卷调查为基础	程金华	华东政法大学	法理学	2015	《人大复印报刊资料》
27	城镇规划区违建执法困境及其解释——国家能力的视角	陈柏峰	中南财经政法大学	法理学	2015	《人大复印报刊资料》
28	农业转移人口公民化与城市治理秩序重建	马长山	华东政法大学	法理学	2015	《高等学校文科学术文摘》《新华文摘》
29	城市化升级转型中的社会保障与社会法	魏建国	黑龙江大学	劳动与社会保障法学	2015	《新华文摘》《中国社会科学文摘》
30	城市空间利益的正当分配——从规划行政许可侵犯相邻权益案切入	陈越峰	华东政法大学、中国社会科学院法学研究所	行政法学	2015	《人大复印报刊资料》

从分析结果中我们可以得到以下结论。

（1）专题笔谈的发文量比其他两个专题的发文量高，年均发文量达到29篇。发文量最多的机构为中国社会科学院法学研究所（16篇）。专题笔谈的研究以非基金资助为主。但专题笔谈文章的被引频次、被重要文摘转载情况并不十分理想，没有充分发挥提升期刊学术影响力的作用，因此在2015年后专题笔谈栏目被撤销。

（2）随着互联网与人工智能技术的迅猛发展，知识产权保护、个人信息保护、数据权利、人工智能立法等问题不断涌现，给我国法律制度带来了新的挑战。《法学研究》紧跟时代发展，注重关注平台经济、知识产权保护、大数据、人工智能、区块链、个人信息保护等前沿热点问题。前沿科技法学专题论文被引频次较多、被重要文摘转载率高，研究成果获得了学界广泛的关注与认可，引领了法学前沿研究的潮流。

（3）组稿专题的论文敏锐把握时代问题，聚焦前沿领域，关注当前热点，选题极具问题意识与前沿意识。该专题论文被引频次多，学术影响力大，呈现出多篇高水平研究成果，使期刊整体品质不断提升。

五 各学科论文统计分析

由于《法学研究》2012—2021 年的论文数据有限,如果将学科划分得特别详细,则基于小样本量的数据分析结论并不能说明什么问题,所以我们将通常被认为相关联的学科放在一起作合并分析。这样的学科分类,也与《法学研究》编辑所负责编审的研究内容有关。

(一)法理学论文

1. 论文产出情况

为保证检索结果的权威性、全面性以及准确性,笔者选定中国知网数据库与《法学研究》期刊官网作为检索来源,在中国知网上将文献来源设置为《法学研究》(精确匹配),时间设置为 2012—2021 年,进行检索,通过比照《法学研究》历年题录核对与补充文献,剔除或合并无关或重复文献后,共得到 94 篇法理学文献,统计结果如表 5-1 所示。

表 5-1 2012—2021 年《法学研究》法理学论文

序号	题名	作者	作者单位	年份
1	党内法规体系的形成与完善	孟涛	中国人民大学	2021
2	习近平法治思想对马克思主义法治原理的传承与发展	孙谦	最高人民检察院	2021
3	法律解释与法律续造的区分标准	陈坤	南京大学	2021
4	全面依法治国与第三方评估制度的完善	周汉华	中国社会科学院法学研究所	2021

续表

序号	题名	作者	作者单位	年份
5	合作治理语境下的法治化营商环境建设	石佑启、陈可翔	广东外语外贸大学	2021
6	习近平法治思想中的法治监督理论	江必新、张雨	中南大学	2021
7	论"数字人权"不构成第四代人权	刘志强	广州大学	2021
8	风险预防原则的结构化阐释	苏宇	中国人民公安大学	2021
9	党政联合发文的制度逻辑及其规范化问题	封丽霞	中共中央党校	2021
10	法律漏洞填补的司法论证	黄泽敏	华东师范大学	2020
11	中国第一代马克思主义法学家的理论开创	程梦婧	重庆大学	2020
12	论权利之功能	张恒山	天津大学	2020
13	中国政法体制的规范性原理	黄文艺	中国人民大学	2020
14	司法人工智能的重塑效应及其限度	马长山	华东政法大学	2020
15	比例原则位阶秩序的司法适用	蒋红珍	上海交通大学	2020
16	网络平台的公共性及其实现——以电商平台的法律规制为视角	刘权	中央财经大学	2020
17	比例原则的适用范围与限度	梅扬	武汉大学	2020
18	乡村基层执法的空间制约与机制再造	陈柏峰	中南财经政法大学	2020
19	法理论：历史形成、学科属性及其中国化	雷磊	中国政法大学	2020
20	法学研究目标受众选择的大数据分析	周翔、刘东亮	浙江大学、西安交通大学	2020
21	人工智能与事实认定	栗峥	中国政法大学	2020
22	人民法院改革取向的审视与思考	顾培东	四川大学	2020
23	裁判文书援引学说的基本原理与规则建构	金枫梁	上海大学	2020
24	人工智能时代的法律议论	季卫东	上海交通大学	2019
25	新时代中国法治理论创新发展的六个向度	李林	中国社会科学院法学研究所	2019
26	面向共治格局的法治形态及其展开	杜辉	重庆大学	2019
27	构建公共服务法律体系的理论逻辑及现实展开	陈云良、寻健	广东外语外贸大学、中南大学	2019
28	中国法科学生留学德国四十年的回顾与展望——基于博士学位论文的考察	卜元石	德国弗莱堡大学	2019

续表

序号	题名	作者	作者单位	年份
29	执法能力的损耗与重建——以基层食药监执法为经验样本	刘杨	中南财经政法大学	2019
30	个人信息私法保护的困境与出路	丁晓东	中国人民大学	2018
31	法教义学与法治：法教义学的治理意义	雷磊	中国政法大学	2018
32	智能互联网时代的法律变革	马长山	华东政法大学	2018
33	迈向大数据法律研究	左卫民	四川大学	2018
34	新时代推进社会公平正义的法治要义	胡玉鸿	苏州大学	2018
35	判例自发性运用现象的生成与效应	顾培东	四川大学	2018
36	马克思主义法律理论中国化的当代意义	封丽霞	中共中央党校	2018
37	公众意见影响法官决策的理论和实验分析	陈林林	浙江工商大学	2018
38	中国法治经济建设的逻辑	谢海定	中国社会科学院法学研究所	2017
39	新思想引领法治新征程——习近平新时代中国特色社会主义思想对依法治国和法治建设的指导意义	张文显	中国法学会、吉林大学	2017
40	案件事实的归属论证	黄泽敏	中南财经政法大学	2017
41	地方预算参与的法治进路	陈治	西南政法大学	2017
42	中国司法体制改革的经验——习近平司法体制改革思想研究	陈卫东	中国人民大学	2017
43	追求裁判的社会效果：1983—2012	宋亚辉	南京大学	2017
44	法律概念是重要的吗	雷磊	中国政法大学	2017
45	方法论演进视野下的中国法律实证研究	雷鑫洪	中国人民公安大学	2017
46	党政体制如何塑造基层执法	陈柏峰	中南财经政法大学	2017
47	从国家构建到共建共享的法治转向——基于社会组织与法治建设之间关系的考察	马长山	华东政法大学	2017
48	党管政法：党与政法关系的演进	周尚君	西南政法大学	2017
49	当代中国法治共识的形成及法治再启蒙	顾培东	四川大学	2017
50	依规治党与依法治国的关系	王若磊	中共中央党校	2016
51	当代中国政法体制的形成及意义	侯猛	北京大学	2016
52	涉诉信访治理的正当性与法治化——1978—2015年实践探索的分析	彭小龙	中国人民大学	2016

续表

序号	题名	作者	作者单位	年份
53	所指确定与法律解释——一种适用于一般法律词项的指称理论	陈坤	山东大学	2016
54	国体的起源、构造和选择：中西暗合与差异	侣化强	重庆大学	2016
55	法治如何定量——我国法治评估量化方法评析	周祖成、杨惠琪	西南政法大学	2016
56	习近平全面依法治国思想的理论逻辑与创新发展	李林	中国社会科学院法学研究所	2016
57	当代中国司法生态及其改善	顾培东	四川大学	2016
58	乡村司法与国家治理——以乡村微观权力的整合为线索	郑智航	山东大学	2016
59	法治评估模式辨异	钱弘道、杜维超	浙江大学	2015
60	适于法治的法律体系模式	雷磊	中国政法大学	2015
61	四级两审制的发生和演化	刘忠	同济大学	2015
62	检察人员对分类管理改革的立场——以问卷调查为基础	程金华	华东政法大学	2015
63	司法判决中的词典释义	陈林林、王云清	浙江大学	2015
64	中国特色社会主义人权理论体系论纲	广州大学人权理论研究课题组、李步云	广州大学	2015
65	城镇规划区违建执法困境及其解释——国家能力的视角	陈柏峰	中南财经政法大学	2015
66	农业转移人口公民化与城市治理秩序重建	马长山	华东政法大学	2015
67	土地流转的中国模式：组织基础与运行机制	凌斌	北京大学	2014
68	企业社会责任的制度化	杨力	上海交通大学	2014
69	公共人物理论视角下网络谣言的规制	郭春镇	厦门大学	2014
70	权利冲突的司法化解	梁迎修	北京师范大学	2014
71	人民法庭地位与功能的重构	顾培东	四川大学	2014
72	转型中国的司法价值观	江国华	武汉大学	2014
73	依法治国与推进国家治理现代化	李林	中国社会科学院法学研究所	2014

续表

序号	题名	作者	作者单位	年份
74	严格依法办事：经由形式正义的实质法治观	江必新	中南大学	2013
75	中国土地执法摇摆现象及其解释	何艳玲	中山大学	2013
76	地方先行法治化的基本路径及其法理限度	倪斐	南京师范大学	2013
77	比较法研究中的中国法——关于法律的地位和权力组织形式的思考	朱景文	中国人民大学	2013
78	规则选择的效率比较：以环保制度为例	凌斌	北京大学	2013
79	共和国法治认识的逻辑展开	张志铭、于浩	中国人民大学	2013
80	案例指导制度下的法律推理及其规则	黄泽敏、张继成	中南财经政法大学	2013
81	法律规则的逻辑结构	雷磊	中国政法大学	2013
82	法律渊源词义考	彭中礼	湖南行政学院	2012
83	法官良知的价值、内涵及其养成	江必新	中南大学	2012
84	政治问题理论的衰落与重构	陈承堂	扬州大学	2012
85	国家法人说的兴衰及其法学遗产	王天华	中国政法大学	2012
86	土地发展权的理论基础与制度前景	陈柏峰	中南财经政法大学	2012
87	当代中国法治话语体系的构建	顾培东	四川大学	2012
88	中国法治的人文道路	胡水君	中国社会科学院法学研究所	2012
89	补偿博弈与第三方评估	赵骏、范良聪	浙江大学	2012
90	公共政策合法性供给机制与走向——以医改进程为中心的考察	马长山	华东政法大学	2012
91	司法解释的建构理念分析——以商事司法解释为例	陈甦	中国社会科学院法学研究所	2012
92	紧急权力法及其理论的演变	孟涛	中国社会科学院法学研究所	2012
93	司法对法律体系的完善	江必新	中南大学	2012
94	公众意见在裁判结构中的地位	陈林林	浙江大学	2012

根据对相关文献年度发文数量的统计分析，可得 2012—2021 年《法学研究》法理学发文量年度分布情况，如图 5-1 所示。

由图 5-1 可知，2012—2021 年《法学研究》法理学年均发文量为 9.4 篇，其中发文量最多的年份为 2020 年（14 篇），发文量最少的年份为

图 5-1 法理学发文量年度分布

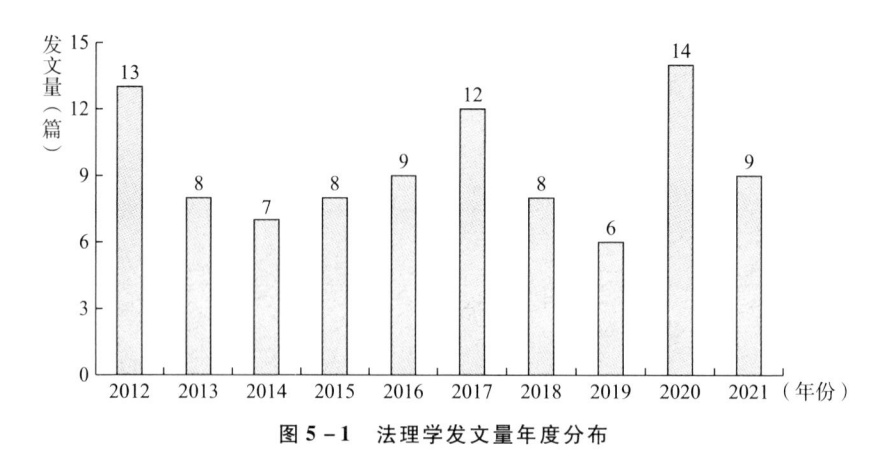

2019 年（6 篇）。整体而言，法理学发文量波动较大。值得关注的是，2018—2019 年的发文量呈下滑趋势，后迅速回升。

2. 发文作者情况

统计结果（见表 5-2）显示，在 2012—2021 年《法学研究》法理学的高产作者中，发文量最多的为 6 篇，有 7 位作者发文量在 3 篇及以上。发文量排名前 8 的作者分别为顾培东（四川大学，6 篇）、马长山（华东政法大学，5 篇）、雷磊（中国政法大学，5 篇）、江必新（中南大学/最高人民法院，4 篇）、陈柏峰（中南财经政法大学，4 篇）、陈林林（浙江大学，3 篇）、黄泽敏（中南财经政法大学/华东师范大学，3 篇）、李林（中国社会科学院法学研究所，3 篇）。使用词云可视化软件绘制作者图谱，如图 5-2 所示。从图 5-2 中可以看出，在该学科的研究中，目前尚未形成稳定的研究合作队伍。

表 5-2 法理学高产作者 TOP8

序号	作者	作者单位	发文量（篇）
1	顾培东	四川大学	6
2	马长山	华东政法大学	5
3	雷磊	中国政法大学	5
4	江必新	中南大学/最高人民法院	4
5	陈柏峰	中南财经政法大学	4
6	陈林林	浙江大学	3

续表

序号	作者	作者单位	发文量（篇）
7	黄泽敏	中南财经政法大学/华东师范大学	3
8	李林	中国社会科学院法学研究所	3

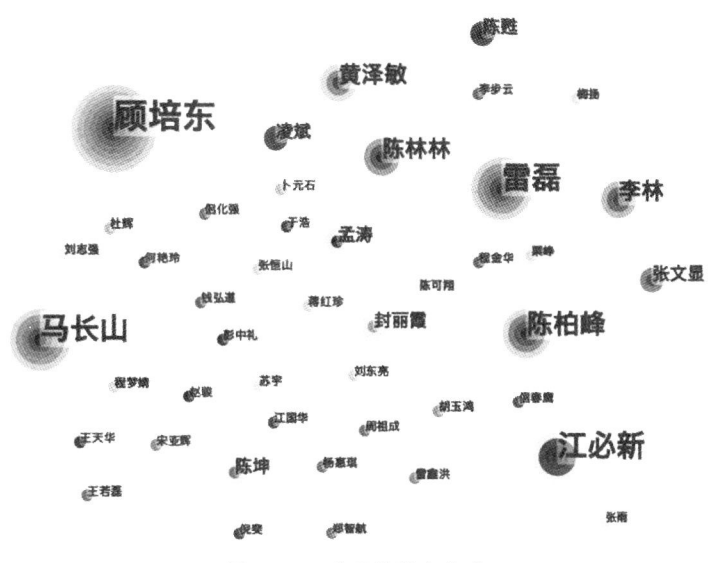

图 5-2 法理学发文作者

依据相关数据，绘制作者职称（学历）分布图，如图 5-3 所示。由图 5-3 可知，在法理学领域的发文作者中，具有教授职称的作者占 57.6%，具有副教授职称的作者占 25.3%，具有讲师职称的作者占 6.1%，研究生、博士后作者占 11.1%。

3. 发文机构情况

依据 94 篇纳入文献，使用词云可视化软件绘制 2012—2021 年《法学研究》法理学发文机构图，如图 5-4 所示。由表 5-3 可知，法理学发文量最多的机构为中国社会科学院法学研究所（8 篇），随后为中国人民大学（7 篇）、中国政法大学（7 篇）、中南财经政法大学（7 篇）、四川大学（7 篇）、华东政法大学（6 篇）、浙江大学（5 篇）、中南大学（5 篇）。从表 5-3 中我们可以看出，这些活跃发文机构在《法学研究》上共刊文 52 篇，占据法理学总发文量的 55.3%。它们展现出不俗的研究实力，为法理学的繁荣发展做出了卓越的贡献。

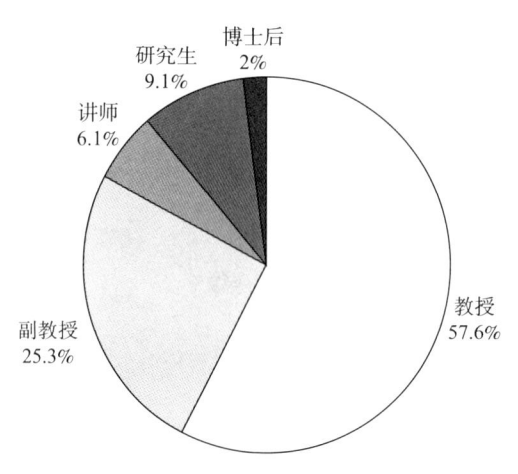

图 5-3　法理学发文作者职称（学历）分布

图 5-4　法理学发文机构

表 5-3　法理学活跃发文机构 TOP8

序号	发文机构	发文量（篇）
1	中国社会科学院法学研究所	8
2	中国人民大学	7
3	中国政法大学	7
4	中南财经政法大学	7
5	四川大学	7

续表

序号	发文机构	发文量（篇）
6	华东政法大学	6
7	浙江大学	5
8	中南大学	5

4. 高频关键词情况

对94篇纳入文献的关键词词频进行统计分析，可以揭示出法理学论文的内容特征和研究热点。

笔者通过对相关的94篇文献的关键词进行聚类分析，并修正同义关键词，整理了出现频次不少于3次的关键词（见表5-4）。由统计结果可知，出现频次较多的关键词是依法治国（6次）、法治（4次）、司法改革（4次）、国家治理（3次）、人工智能（3次）、中国特色社会主义法治（3次）、党内法规（3次）、习近平法治思想（3次）、比例原则（3次）、法律推理（3次）。为了更精确地展示《法学研究》法理学十年的研究热点，笔者使用易词云3.0软件绘制法理学关键词词云，如图5-5所示。

表5-4　法理学高频关键词

序号	关键词	频次（次）	序号	关键词	频次（次）
1	依法治国	6	6	中国特色社会主义法治	3
2	法治	4	7	党内法规	3
3	司法改革	4	8	习近平法治思想	3
4	国家治理	3	9	比例原则	3
5	人工智能	3	10	法律推理	3

笔者使用VOSviewer软件对相关文献的关键词进行提取和聚类，并对其进行数据转换和处理，绘制出法理学研究热点的密度视图，如图5-6所示。从图5-6中可以看到，以依法治国、中国特色社会主义法治、习近平法治思想为中心形成了三个重要的研究区域。此外，党内法规、依规治党等研究区域也备受关注。它们共同构成了2012—2021年《法学研究》法理学研究热点的基本格局。

图 5-5　法理学关键词词云

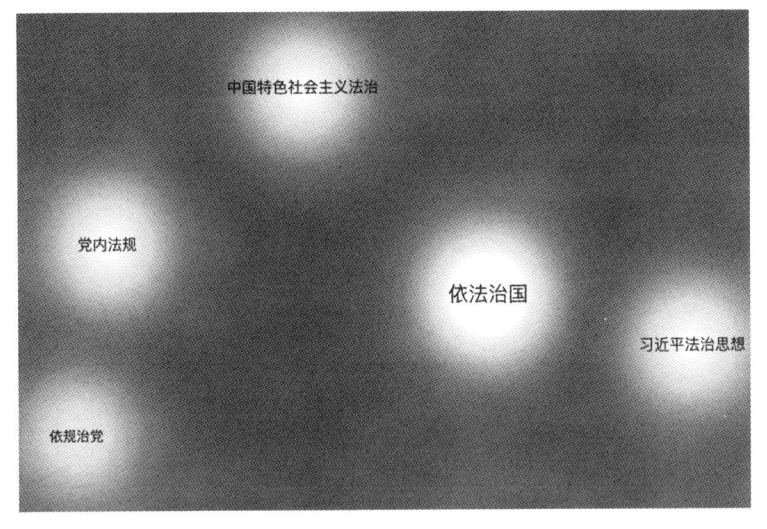

图 5-6　法理学研究热点

5. 高被引论文情况

截至 2022 年 10 月 1 日，被引频次居前 11 位的论文（见表 5-5）的平均被引频次为 238 次。被引频次最多的论文是丁晓东教授在 2018 年发表的《个人信息私法保护的困境与出路》一文，被引频次为 438 次。排名第二的是马长山教授所作并于 2018 年发表的《智能互联网时代的法律变革》，被引频次为436次。随后是陈柏峰教授于2012年发表的《土地发展权的理论基础与制度前景》，被引频次为367次。

从统计结果中可以发现，该领域高被引论文的发表时间主要集中在2017—2020年，这正是法理学学科紧跟时代而蓬勃发展的黄金时期。这11篇论文全部为独著论文，作者主要来自"五院四系"。中国政法大学与中南财经政法大学，分别有两篇论文在该高被引论文榜单中，可以在一定的程度上说明这两个机构在法理学领域的研究实力与影响力。

表5-5 法理学高被引论文TOP11

序号	题名	作者	作者单位	年份	被引频次（次）
1	个人信息私法保护的困境与出路	丁晓东	中国人民大学	2018	438
2	智能互联网时代的法律变革	马长山	华东政法大学	2018	436
3	土地发展权的理论基础与制度前景	陈柏峰	中南财经政法大学	2012	367
4	网络平台的公共性及其实现——以电商平台的法律规制为视角	刘权	中央财经大学	2020	209
5	比例原则的适用范围与限度	梅扬	武汉大学	2020	198
6	当代中国法治话语体系的构建	顾培东	四川大学	2012	194
7	法律规则的逻辑结构	雷磊	中国政法大学	2013	176
8	权利冲突的司法化解	梁迎修	北京师范大学	2014	167
9	法律概念是重要的吗	雷磊	中国政法大学	2017	148
10	土地流转的中国模式：组织基础与运行机制	凌斌	北京大学	2014	145
11	城镇规划区违建执法困境及其解释——国家能力的视角	陈柏峰	中南财经政法大学	2015	144

6. 基金资助情况

在该领域94篇论文中，有56篇论文获得基金资助，多篇论文同时受到多项基金的资助。基金论文比为59.6%（见图5-7）。

7. 被重要文摘转载情况

笔者选取被《新华文摘》《中国社会科学文摘》《高等学校文科学术文摘》《人大复印报刊资料》《社会科学文摘》转载论文数量这一指标，通过收集《法学研究》该领域被转载论文，考察其文献特征，分析该领域

其他论文 40.4%

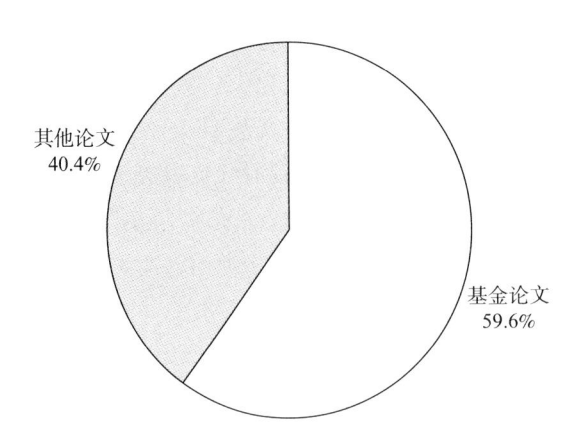

基金论文 59.6%

图 5-7 法理学基金论文和其他论文分布

论文的影响力现状（见表 5-6）。

表 5-6 法理学领域被"五大文摘"转载论文

序号	题名	作者	作者单位	年份	转载载体
1	法律解释与法律续造的区分标准	陈坤	南京大学	2021	《人大复印报刊资料》
2	合作治理语境下的法治化营商环境建设	石佑启、陈可翔	广东外语外贸大学	2021	《新华文摘》
3	论"数字人权"不构成第四代人权	刘志强	广州大学	2021	《人大复印报刊资料》
4	中国第一代马克思主义法学家的理论开创	程梦婧	重庆大学	2020	《中国社会科学文摘》
5	论权利之功能	张恒山	天津大学	2020	《人大复印报刊资料》《高等学校文科学术文摘》
6	中国政法体制的规范性原理	黄文艺	中国人民大学	2020	《人大复印报刊资料》《中国社会科学文摘》
7	司法人工智能的重塑效应及其限度	马长山	华东政法大学	2020	《人大复印报刊资料》
8	比例原则的适用范围与限度	梅扬	武汉大学	2020	《人大复印报刊资料》《社会科学文摘》
9	法理论：历史形成、学科属性及其中国化	雷磊	中国政法大学	2020	《人大复印报刊资料》
10	人工智能与事实认定	栗峥	中国政法大学	2020	《高等学校文科学术文摘》
11	裁判文书援引学说的基本原理与规则建构	金枫梁	上海大学	2020	《人大复印报刊资料》

续表

序号	题名	作者	作者单位	年份	转载载体
12	人工智能时代的法律议论	季卫东	上海交通大学	2019	《人大复印报刊资料》
13	新时代中国法治理论创新发展的六个向度	李林	中国社会科学院法学研究所	2019	《人大复印报刊资料》
14	面向共治格局的法治形态及其展开	杜辉	重庆大学	2019	《人大复印报刊资料》《高等学校文科学术文摘》
15	构建公共服务法律体系的理论逻辑及现实展开	陈云良、寻健	广东外语外贸大学、中南大学	2019	《新华文摘》
16	执法能力的损耗与重建——以基层食药监执法为经验样本	刘杨	中南财经政法大学	2019	《人大复印报刊资料》
17	个人信息私法保护的困境与出路	丁晓东	中国人民大学	2018	《人大复印报刊资料》
18	智能互联网时代的法律变革	马长山	华东政法大学	2018	《社会科学文摘》《新华文摘》《中国社会科学文摘》
19	新时代推进社会公平正义的法治要义	胡玉鸿	苏州大学	2018	《高等学校文科学术文摘》
20	判例自发性运用现象的生成与效应	顾培东	四川大学	2018	《人大复印报刊资料》
21	马克思主义法律理论中国化的当代意义	封丽霞	中共中央党校	2018	《人大复印报刊资料》《新华文摘》
22	公众意见影响法官决策的理论和实验分析	陈林林	浙江工商大学	2018	《人大复印报刊资料》
23	中国法治经济建设的逻辑	谢海定	中国社会科学院法学研究所	2017	《人大复印报刊资料》《高等学校文科学术文摘》《社会科学文摘》
24	新思想引领法治新征程——习近平新时代中国特色社会主义思想对依法治国和法治建设的指导意义	张文显	中国法学会、吉林大学	2017	《中国社会科学文摘》
25	法律概念是重要的吗	雷磊	中国政法大学	2017	《新华文摘》
26	方法论演进视野下的中国法律实证研究	雷鑫洪	中国人民公安大学	2017	《新华文摘》
27	从国家构建到共建共享的法治转向——基于社会组织与法治建设之间关系的考察	马长山	华东政法大学	2017	《社会科学文摘》

续表

序号	题名	作者	作者单位	年份	转载载体
28	当代中国法治共识的形成及法治再启蒙	顾培东	四川大学	2017	《人大复印报刊资料》《高等学校文科学术文摘》《社会科学文摘》
29	涉诉信访治理的正当性与法治化——1978—2015年实践探索的分析	彭小龙	中国人民大学	2016	《人大复印报刊资料》
30	乡村司法与国家治理——以乡村微观权力的整合为线索	郑智航	山东大学	2016	《人大复印报刊资料》《高等学校文科学术文摘》
31	法治评估模式辨异	钱弘道、杜维超	浙江大学	2015	《人大复印报刊资料》
32	检察人员对分类管理改革的立场——以问卷调查为基础	程金华	华东政法大学	2015	《人大复印报刊资料》
33	司法判决中的词典释义	陈林林、王云清	浙江大学	2015	《人大复印报刊资料》
34	中国特色社会主义人权理论体系论纲	广州大学人权理论研究课题组、李步云	广州大学	2015	《人大复印报刊资料》
35	城镇规划区违建执法困境及其解释——国家能力的视角	陈柏峰	中南财经政法大学	2015	《人大复印报刊资料》
36	农业转移人口公民化与城市治理秩序重建	马长山	华东政法大学	2015	《高等学校文科学术文摘》《新华文摘》
37	比较法研究中的中国法——关于法律的地位和权力组织形式的思考	朱景文	中国人民大学	2013	《新华文摘》《中国社会科学文摘》
38	法律规则的逻辑结构	雷磊	中国政法大学	2013	《中国社会科学文摘》
39	法官良知的价值、内涵及其养成	江必新	中南大学	2012	《新华文摘》
40	政治问题理论的衰落与重构	陈承堂	扬州大学	2012	《中国社会科学文摘》

由表5-6可知，在该领域中，被"五大文摘"选择转载的优秀论文

共 40 篇。被转载文章数量较多的发文机构为华东政法大学（5 篇）、中国人民大学（4 篇）和中国政法大学（4 篇）。

（二）宪法学、行政法学、行诉法学论文

1. 论文产出情况

笔者进行数据整理后，共得到 90 篇宪法学、行政法学、行诉法学文献，统计结果如表 5-7 所示。

表 5-7 2012—2021 年《法学研究》宪法学、行政法学、行诉法学论文

序号	题名	作者	作者单位	学科	年份
1	基本行政法典的确立、定位与架构	杨伟东	中国政法大学	行政法学	2021
2	法律事实理论视角下的实质性宪法解释	莫纪宏	中国社会科学院法学研究所	宪法学	2021
3	基本权利冲突及其解决思路	王锴	北京航空航天大学	宪法学	2021
4	民事裁判援引规章及行政规范性文件的审查义务	汪君	中南财经政法大学	行政法学	2021
5	中国宪法上基本权利限制的形式要件	陈楚风	清华大学	宪法学	2021
6	基本权利的国家保护：从客观价值到主观权利	李海平	吉林大学	宪法学	2021
7	宪法中的禁止保护不足原则——兼与比例原则对比论证	陈征	中国政法大学	宪法学	2021
8	新时代行政审判因应诉源治理之道	章志远	华东政法大学	行政法学	2021
9	交警非现场执法的规范构建	余凌云	清华大学	行政法学	2021
10	对中国系统论宪法学的反思	陈运生	江西财经大学	宪法学	2021
11	功能主义视域下的行政协议	徐键	上海财经大学	行政法学	2020
12	法律规范合宪性解释的方法论构造	刘召成	天津大学	宪法学	2020
13	合宪性视角下的成片开发征收及其标准认定	程雪阳	苏州大学	宪法学	2020

续表

序号	题名	作者	作者单位	学科	年份
14	基本权利保护范围的界定	王锴	北京航空航天大学	宪法学	2020
15	我国行政诉讼中的预防性保护	罗智敏	中国政法大学	行诉法学	2020
16	中国行政诉讼中的府院互动	章志远	华东政法大学	行诉法学	2020
17	行政诉讼给付判决的构造与功能	黄锴	浙江工业大学	行诉法学	2020
18	司法审查中的滥用职权标准——以最高人民法院公报案例为观察对象	周佑勇	中共中央党校	行政法学	2020
19	合宪性审查制度的中国道路与功能展开	李忠夏	山东大学	宪法学	2019
20	中国现行宪法中的"党的领导"规范	秦前红、刘怡达	武汉大学	宪法学	2019
21	行政执法和解的模式及其运用	方世荣、白云锋	中南财经政法大学、上海交通大学	行政法学	2019
22	行政复议法的修改与完善——以"实质性解决行政争议"为视角	王万华	中国政法大学	行政法学	2019
23	民法合宪性解释的事实条件	李海平	吉林大学	宪法学	2019
24	行政协议诉讼的制度构建	刘飞	中国政法大学	行诉法学	2019
25	迈向公私合作型行政法	章志远	华东政法大学	行政法学	2019
26	监察过程中的公安协助配合机制	江国华、张硕	武汉大学	宪法学	2019
27	惩罚性赔偿的行政法反思	赵鹏	中国政法大学	行政法学	2019
28	法官个体本位抑或法院整体本位——我国法院建构与运行的基本模式选择	顾培东	四川大学	宪法学	2019
29	关键信息基础设施保护的合作治理	陈越峰	华东政法大学	行政法学	2018
30	国有自然资源资产产权行使机制的完善	程雪阳	苏州大学	宪法学	2018
31	行政行为无效的认定	王贵松	中国人民大学	行政法学	2018
32	环境行政处罚规制功能之补强	谭冰霖	中南财经政法大学	行政法学	2018
33	构建行政公益诉讼的客观诉讼机制	刘艺	西南政法大学	行诉法学	2018

续表

序号	题名	作者	作者单位	学科	年份
34	转型期国家认同困境与宪法学的回应	陈明辉	中南财经政法大学	宪法学	2018
35	探索激励相容的个人数据治理之道——中国个人信息保护法的立法方向	周汉华	中国社会科学院法学研究所	行政法学	2018
36	苏俄宪法在中国的传播及其当代意义	韩大元	中国人民大学	宪法学	2018
37	滥用知情权的逻辑及展开	王锡锌	北京大学	行政法学	2017
38	保障房租赁与买卖法律关系的性质	凌维慈	华东师范大学	行政法学	2017
39	我国法治政府建设地区差异的定量分析	王敬波	中国政法大学	行政法学	2017
40	建设用地国有制的逻辑、挑战及变革	徐键	上海财经大学	宪法学	2017
41	我国司法判决中的宪法援引及其功能——基于已公开判决文书的实证研究	冯健鹏	华南理工大学	宪法学	2017
42	土地征收决定不是终裁行为——以行政复议法第30条第2款为中心	熊樟林	东南大学	行政法学	2017
43	法治国的宪法内涵——迈向功能分化社会的宪法观	李忠夏	山东大学	宪法学	2017
44	公法上警察概念的变迁	陈鹏	厦门大学	行政法学	2017
45	行政行为程序瑕疵的指正	杨登峰	南京师范大学	行政法学	2017
46	合宪性解释在我国法院的实践	杜强强	首都师范大学	宪法学	2016
47	道路交通事故责任认定研究	余凌云	清华大学	行诉法学	2016
48	民法典编纂的宪法学透析	林来梵	清华大学	宪法学	2016
49	国家所有权遁入私法：路径与实质	张力	西南政法大学	宪法学	2016
50	论行政行为"明显不当"	何海波	清华大学	行政法学	2016
51	八二宪法土地条款：一个原旨主义的解释	彭錞	北京大学	宪法学	2016
52	自然资源国家所有权的双重权能结构	叶榅平	上海财经大学	宪法学	2016

续表

序号	题名	作者	作者单位	学科	年份
53	行政规范性文件司法审查权的实效性考察	余军、张文	浙江大学	行诉法学	2016
54	我国集体土地征收制度的构建	王克稳	苏州大学	行政法学	2016
55	宪法上的尊严理论及其体系化	王旭	中国人民大学	宪法学	2016
56	宪法教义学反思：一个社会系统理论的视角	李忠夏	山东大学	宪法学	2015
57	多元一统的政治宪法结构——政治宪法学理论基础的反思与重建	张龑	中国人民大学	宪法学	2015
58	基本权利的功能体系与行政法治的进路	郑春燕	浙江大学	行政法学	2015
59	一人一票原则在我国的适用	屠振宇	南京师范大学	宪法学	2015
60	地方各级人民法院宪法地位的规范分析	王建学	厦门大学	宪法学	2015
61	中国宪法上国家所有的规范含义	程雪阳	苏州大学	宪法学	2015
62	行政诉讼司法建议制度的功能衍化	卢超	中国社会科学院法学研究所	行诉法学	2015
63	依法律行政原理的移植与嬗变	王贵松	中国人民大学	行政法学	2015
64	界定行政处罚行为的功能性考量路径	陈鹏	厦门大学	行政法学	2015
65	城市空间利益的正当分配——从规划行政许可侵犯相邻权益案切入	陈越峰	华东政法大学、中国社会科学院法学研究所	行政法学	2015
66	土地发展权与土地增值收益的分配	程雪阳	苏州大学	宪法学	2014
67	土地规划管理改革：权利调整与法治构建	党国英、吴文媛	中国社会科学院农村发展研究所、雅克兰德设计有限公司	行政法学	2014
68	行政信访处理纠纷的预设模式检讨	刘国乾	云南大学	行政法学	2014
69	中国宪法实施的双轨制	翟国强	中国社会科学院法学研究所	宪法学	2014
70	我国行政审批制度的改革及其法律规制	王克稳	苏州大学	行政法学	2014

续表

序号	题名	作者	作者单位	学科	年份
71	解困行政审批改革的新路径	沈岿	北京大学	行政法学	2014
72	作为规制与治理工具的行政许可	Colin Scott、石肖雪	爱尔兰都柏林大学、浙江大学	行政法学	2014
73	行政许可标准的冲突及解决	骆梅英	浙江工商大学	行政法学	2014
74	裁量基准公众参与模式之选取	周佑勇	东南大学	行政法学	2014
75	立法与改革：以法律修改为重心的考察	付子堂、胡夏枫	西南政法大学	行政法学	2014
76	最高人民法院关于无效行政行为的探索	叶必丰	上海交通大学	行政法学	2013
77	行政诉讼类型制度的功能	刘飞	中国政法大学	行诉法学	2013
78	自然资源国家所有权之国家所有制说	徐祥民	中国海洋大学	宪法学	2013
79	法治政府建设的程序主义进路	王万华	中国政法大学	行政法学	2013
80	比较视野下的中国信息公开立法	杨永纯、高一飞	西南政法大学	行政法学	2013
81	土地用途管制模式的立法转变	郭洁	辽宁大学	行政法学	2013
82	开放合作型行政审判模式之建构	章志远	苏州大学	行政法学	2013
83	政治变革与国家能力——对中国近代宪治探寻的再思考	马一德	中南财经政法大学	宪法学	2013
84	行政处罚上的空白要件及其补充规则	熊樟林	东南大学	行政法学	2012
85	论合宪性解释方法	王书成	香港城市大学	宪法学	2012
86	农村土地集体所有的困惑与消解	张千帆	北京大学	宪法学	2012
87	土地征收审批的正当程序改革	刘国乾	北京大学	宪法学	2012
88	分权改革背景下的地方财政自主权	徐键	上海财经大学	宪法学	2012
89	香港特区法院的违基审查权——兼与董立坤、张淑钿二位教授商榷	李树忠、姚国建	中国政法大学	宪法学	2012
90	宪法判断的正当化功能	翟国强	中国社会科学院法学研究所	宪法学	2012

根据对相关文献年度发文数量的统计分析，可得 2012—2021 年《法

学研究》宪法学、行政法学、行诉法学发文量年度分布情况,如图 5-8 所示。

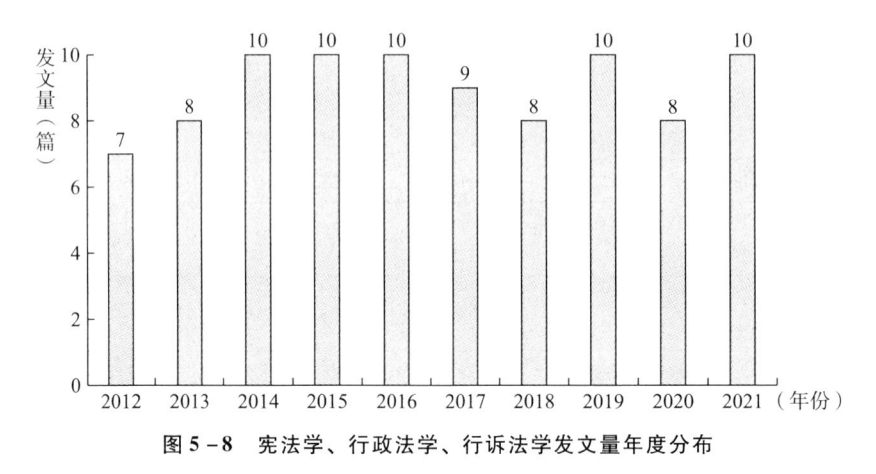

图 5-8 宪法学、行政法学、行诉法学发文量年度分布

由图 5-8 可知,2012—2021 年《法学研究》该领域发文量整体上呈稳定状态,年度发文量最高值为 10 篇,年均发文量为 9 篇。2012—2013 年,该领域年度发文量呈小幅度上涨趋势;2014—2021 年,年度发文量虽有小幅度波动,但整体上呈平稳态势。这表明《法学研究》一直密切关注该领域的发展。

2012—2021 年,在该领域内,宪法学、行政法学、行诉法学发文量占比如图 5-9 所示,宪法学发文量占总发文量的 45.6%,行政法学发文量占总发文量的 44.4%,行诉法学占比为 10%。该领域的研究主要集中在宪法学与行政法学学科上。

2. 发文作者情况

统计结果(见表 5-8)显示,2012—2021 年《法学研究》该领域的高产作者中,发文量最多的为 4 篇。发文量不少于 2 篇的作者分别为章志远(苏州大学/华东政法大学,4 篇)、程雪阳(苏州大学,4 篇)、徐键(上海财经大学,3 篇)、李忠夏(山东大学,3 篇)、王锴(北京航空航天大学,2 篇)、李海平(吉林大学,2 篇)、余凌云(清华大学,2 篇)、周佑勇(东南大学/中共中央党校,2 篇)、王万华(中国政法大学,2 篇)、陈越峰(华东政法大学、中国社会科学院法学研究所,2 篇)、王贵松(中国人民大学,2 篇)、熊樟林(东南大学,2 篇)、陈鹏(厦门大学,2 篇)、

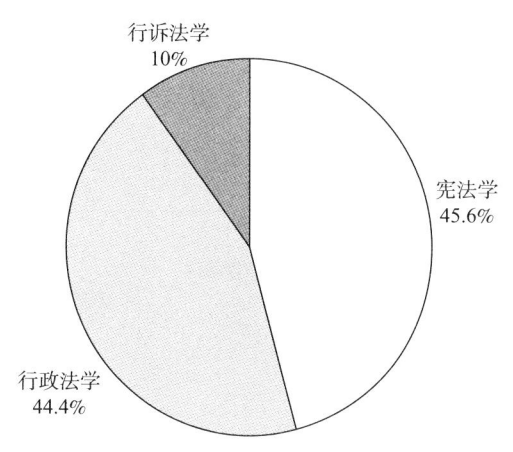

图 5-9 宪法学、行政法学、行诉法学学科分布

王克稳（苏州大学，2 篇）、刘国乾（北京大学/云南大学，2 篇）、翟国强（中国社会科学院法学研究所，2 篇）。使用词云可视化软件绘制作者图谱，如图 5-10 所示。从图 5-10 中可以看出，在该领域的研究中，目前尚未形成稳定的研究合作队伍。

表 5-8 宪法学、行政法学、行诉法学高产作者 TOP16

序号	作者	作者单位	发文量（篇）
1	章志远	苏州大学/华东政法大学	4
2	程雪阳	苏州大学	4
3	徐键	上海财经大学	3
4	李忠夏	山东大学	3
5	王锴	北京航空航天大学	2
6	李海平	吉林大学	2
7	余凌云	清华大学	2
8	周佑勇	东南大学/中共中央党校	2
9	王万华	中国政法大学	2
10	陈越峰	华东政法大学、中国社会科学院法学研究所	2
11	王贵松	中国人民大学	2
12	熊樟林	东南大学	2
13	陈鹏	厦门大学	2

续表

序号	作者	作者单位	发文量（篇）
14	王克稳	苏州大学	2
15	刘国乾	北京大学/云南大学	2
16	翟国强	中国社会科学院法学研究所	2

图 5-10 宪法学、行政法学、行诉法学发文作者

依据相关数据，绘制作者职称（学历）分布图，如图 5-11 所示。由图 5-11 可知，在该领域发文作者中，具有教授职称的作者占 55.6%，具

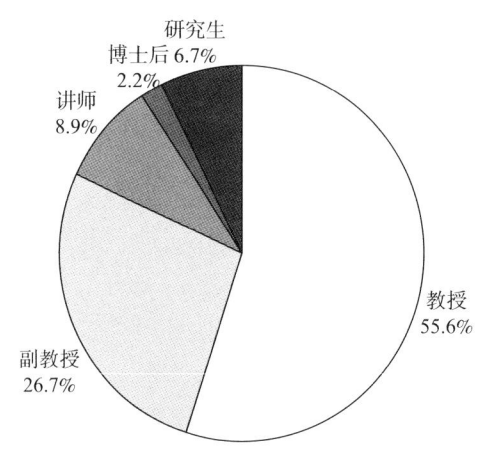

图 5-11 宪法学、行政法学、行诉法学领域发文作者职称（学历）分布

有副教授职称的作者占 26.7%，具有讲师职称的作者占 8.9%，博士后作者占 2.2%，研究生作者占 6.7%。在该领域发文作者中，研究生占比相对其他领域较高，其中有 3 篇论文的第一作者为研究生。

3. 发文机构情况

依据 90 篇纳入文献，使用词云可视化软件绘制 2012—2021 年《法学研究》该领域发文机构分布图，如图 5-12 所示。由表 5-9 可知，该领域发文量较多的机构为中国政法大学（10 篇）、苏州大学（7 篇）、中国社会科学院法学研究所（6 篇）、北京大学（5 篇）、华东政法大学（5 篇）、中国人民大学（5 篇）、清华大学（5 篇）、中南财经政法大学（5 篇）、上海财经大学（4 篇）、浙江大学（3 篇）。中国政法大学是该领域的研究主力与学术重镇。

图 5-12　宪法学、行政法学、行诉法学发文机构

表 5-9　宪法学、行政法学、行诉法学活跃发文机构 TOP10

序号	发文机构	发文量（篇）
1	中国政法大学	10
2	苏州大学	7
3	中国社会科学院法学研究所	6
4	北京大学	5
5	华东政法大学	5
6	中国人民大学	5

续表

序号	发文机构	发文量（篇）
7	清华大学	5
8	中南财经政法大学	5
9	上海财经大学	4
10	浙江大学	3

4. 高频关键词情况

对 90 篇纳入文献的关键词词频进行统计分析，可以揭示出该领域论文的内容特征和研究热点。

通过 VOSviewer 软件对文献关键词进行统计，并修正同义关键词，得到高频（出现频次≥3 次）关键词 13 个。由统计结果可知，这十年该领域出现频次较多的关键词是合宪性解释（6 次）、基本权利（5 次）、行诉法学（5 次）、国家保护义务（3 次）、司法审查（3 次）、国家所有权（3 次）、自然资源（3 次）、行政许可（3 次）、裁量基准（3 次）、行政协议（3 次）。如图 5-13 所示，该领域形成了三大主题群，分别为：（1）合宪性，涉及的核心关键词有违宪判断等；（2）合宪性解释，涉及的核心关键词有宪法实施、宪法解释、法律解释等；（3）国家所有权，涉及的核心关键词有自然资源等。

图 5-13　宪法学、行政法学、行诉法学研究主题聚类

在对关键词词频及其聚类进行分析的基础上，使用 VOSviewer 软件进一步分析关键词的时间特征，以了解该领域论文主题的变化情况，分析结果如图 5-14 所示。从主题分布来看，在所有主题中，对国家所有权与合

图 5-14　宪法学、行政法学、行诉法学研究主题时间线

宪性主题的研究开始得比较早。合宪性解释主题群的研究时间跨度最大，在2016—2019年都有丰硕的研究成果。近年来，研究主要围绕宪法实施和法律解释展开。

5. 高被引论文情况

截至2022年10月1日，笔者整理了2012—2021年《法学研究》宪法学、行政法学、行诉法学被引频次排名前11的论文，如表5-10所示。

表5-10 宪法学、行政法学、行诉法学高被引论文TOP11

序号	题名	作者	作者单位	学科	年份	被引频次（次）
1	探索激励相容的个人数据治理之道——中国个人信息保护法的立法方向	周汉华	中国社会科学院法学研究所	行政法学	2018	625
2	我国行政审批制度的改革及其法律规制	王克稳	苏州大学	行政法学	2014	335
3	论行政行为"明显不当"	何海波	清华大学	行政法学	2016	302
4	土地发展权与土地增值收益的分配	程雪阳	苏州大学	宪法学	2014	296
5	构建行政公益诉讼的客观诉讼机制	刘艺	西南政法大学	行诉法学	2018	267
6	解困行政审批改革的新路径	沈岿	北京大学	行政法学	2014	203
7	行政规范性文件司法审查权的实效性考察	余军、张文	浙江大学	行诉法学	2016	172
8	中国宪法实施的双轨制	翟国强	中国社会科学院法学研究所	宪法学	2014	168
9	作为规制与治理工具的行政许可	Colin Scott、石肖雪	爱尔兰都柏林大学、浙江大学	行政法学	2014	158
10	自然资源国家所有权之国家所有制说	徐祥民	中国海洋大学	宪法学	2013	147
11	我国集体土地征收制度的构建	王克稳	苏州大学	行政法学	2016	138

从表5-10中可以发现，被引频次居前11位的论文的平均被引频次为255.5次。被引频次最多的论文是周汉华在2018年发表的《探索激励相容的个人数据治理之道——中国个人信息保护法的立法方向》一文，被引频次为625次。排名第二的是王克稳所作并于2014年发表的《我国行政审批

制度的改革及其法律规制》，被引频次为335次。随后是何海波于2016年发表的《论行政行为"明显不当"》，被引频次为302次。

这11篇高被引论文的发表时间主要集中在2014—2018年。其中仅有2篇为合著，其余均为独著论文。其中，苏州大学和中国社会科学院法学研究所的论文占比约为45.5%。这在一定程度上说明这两个机构在该领域的研究实力与影响力。

6. 基金资助情况

在2012—2021年《法学研究》该领域90篇论文中，基金论文共57篇，基金论文比为63.3%（见图5-15）。

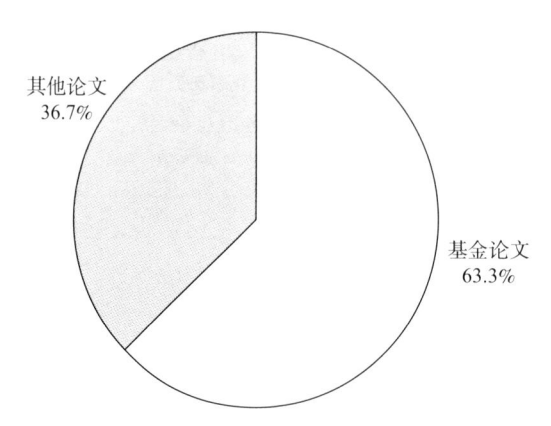

图5-15 宪法学、行政法学、行诉法学基金论文和其他论文分布

7. 被重要文摘转载情况

笔者选取被《新华文摘》《中国社会科学文摘》《高等学校文科学术文摘》《人大复印报刊资料》《社会科学文摘》转载论文数量这一指标，通过收集2012—2021年《法学研究》该领域被转载论文，考察其文献特征，分析该领域论文的影响力现状（见表5-11）。

由表5-11可知，在该领域中，被"五大文摘"选择转载的优秀论文共37篇。从学科分布来看（如图5-16所示），被转载文章中，宪法学的文章最多，占该部分总被转载量的45.9%，随后是行政法学（40.5%）、行诉法学（13.5%）。被转载文章数量较多的发文机构为清华大学（4篇）、中国政法大学（3篇）、华东政法大学（3篇）与中国社会科学院法学研究所（3篇）。

表 5-11 宪法学、行政法学、行诉法学领域被"五大文摘"转载论文

序号	题名	作者	作者单位	学科	年份	转载载体
1	基本行政法典的确立、定位与架构	杨伟东	中国政法大学	行政法学	2021	《人大复印报刊资料》《高等学校文科学术文摘》
2	法律实理视角下的实质性宪法解释	莫纪宏	中国社会科学院法学研究所	宪法学	2021	《人大复印报刊资料》
3	基本权利冲突及其解决思路	王锴	北京航空航天大学	宪法学	2021	《高等学校文科学术文摘》（2022年第1期转载）
4	民事裁判援引规章及规范性文件的审查义务	汪君	中南财经政法大学	行政法学	2021	《人大复印报刊资料》
5	中国宪法上基本权利限制的形式要件	陈楚风	清华大学	宪法学	2021	《人大复印报刊资料》
6	基本权利的国家保护：从客观价值到主观权利	李海平	吉林大学	宪法学	2021	《人大复印报刊资料》《中国社会科学文摘》
7	宪法中的禁止保护不足原则——兼与比例原则对比论证	陈征	中国政法大学	宪法学	2021	《人大复印报刊资料》
8	功能主义视域下的行政协议	徐键	上海财经大学	行政法学	2020	《人大复印报刊资料》
9	法律规范合宪性解释的方法论构造	刘召成	天津大学	宪法学	2020	《人大复印报刊资料》
10	中国行政诉讼中的府院互动	章志远	华东政法大学	行诉法学	2020	《中国社会科学文摘》
11	行政法学给付判决的构造与功能	黄锴	浙江工业大学	行诉法学	2020	《人大复印报刊资料》
12	司法审查中的滥用职权标准——以最高人民法院公报案例为观察对象	周佑勇	中共中央党校	行政法学	2020	《人大复印报刊资料》

续表

序号	题名	作者	作者单位	学科	年份	转载载体
13	合宪性审查制度的中国道路与功能展开	李忠夏	山东大学	宪法学	2019	《人大复印报刊资料》《高等学校文科学术文摘》（2020年转载）
14	行政协议诉讼法制度构建	刘飞	中国政法大学	行诉法学	2019	《人大复印报刊资料》
15	迈向公私合作型行政法	章志远	华东政法大学	行政法学	2019	《人大复印报刊资料》
16	监察过程中的公安协助配合机制	江国华、张彧	武汉大学	宪法学	2019	《人大复印报刊资料》
17	法官个体本位抑或法院整体本位——我国法院建构与运行的基本模式选择	顾培东	四川大学	宪法学	2019	《人大复印报刊资料》《社会科学文摘》
18	行政行为无效的认定	王贵松	中国人民大学	行政法学	2018	《人大复印报刊资料》
19	环境行政处罚规制功能之补强	谭冰霖	中南财经政法大学	行政法学	2018	《人大复印报刊资料》
20	探索激励相容的个人数据治理之道——中国个人信息保护法的立法方向	周汉华	中国社会科学院法学研究所	行政法学	2018	《社会科学文摘》《新华文摘》
21	滥用知情权的逻辑及展开	王锡锌	北京大学	行政法学	2017	《人大复印报刊资料》《中国社会科学文摘》
22	保障房租赁与买卖法律关系的性质	凌维慈	华东师范大学	行政法学	2017	《人大复印报刊资料》
23	建设用地国有制的逻辑、挑战及变革	徐键	上海财经大学	宪法学	2017	《人大复印报刊资料》《社会科学文摘》
24	土地征收决定不是终裁行为——以行政复议法第30条第2款为中心	熊樟林	东南大学	行政法学	2017	《人大复印报刊资料》

续表

序号	题名	作者	作者单位	学科	年份	转载体
25	公法上警察概念的变迁	陈鹏	厦门大学	行政法学	2017	《人大复印报刊资料》
26	行政行为程序瑕疵的指正	杨登峰	南京师范大学	行政法学	2017	《人大复印报刊资料》
27	合宪性解释在我国法院的实践	杜强强	首都师范大学	宪法学	2016	《人大复印报刊资料》《社会科学文摘》
28	道路交通事故责任认定研究	余凌云	清华大学	行政法学	2016	《人大复印报刊资料》
29	民法典编纂的宪法学透析	林来梵	清华大学	宪法学	2016	《人大复印报刊资料》
30	国家所有权人私法：路径与实质	张力	西南政法大学	宪法学	2016	《人大复印报刊资料》
31	论行政行为"明显不当"	何海波	清华大学	行政法学	2016	《人大复印报刊资料》
32	行政规范性文件司法审查权的实效性考察	余军、张文	浙江大学	行诉法学	2016	《人大复印报刊资料》
33	宪法教义学反思：一个社会系统理论的视角	李忠夏	山东大学	宪法学	2015	《人大复印报刊资料》《新华文摘》
34	多元一统的政治宪法结构——政治宪法学理论基础的反思与重建	张龑	中国人民大学	宪法学	2015	《人大复印报刊资料》
35	地方各级人民法院宪法地位的规范分析	王建学	厦门大学	宪法学	2015	《人大复印报刊资料》
36	中国宪法上国家所有的规范含义	程雪阳	苏州大学	宪法学	2015	《中国社会科学文摘》
37	城市空间利益的正当分配——从规划行政许可侵犯相邻权益案切入	陈越峰	华东政法大学，中国社会科学院法学研究所	行政法学	2015	《人大复印报刊资料》

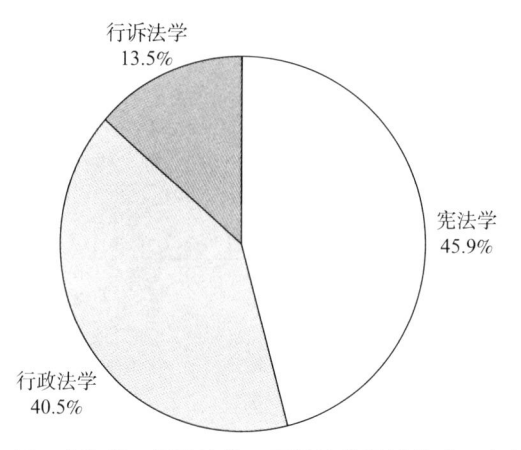

图 5-16 宪法学、行政法学、行诉法学领域被"五大文摘"转载论文学科分布

（三）民法学、民诉法学、知识产权法学论文

1. 论文产出情况

笔者进行数据整理后，共得到 192 篇民法学、民诉法学、知识产权法学文献，统计结果如表 5-12 所示。

表 5-12　2012—2021 年《法学研究》民法学、民诉法学、知识产权法学论文

序号	题名	作者	发文机构	学科	年份
1	人工智能时代著作权合理使用制度的重塑	林秀芹	厦门大学	知识产权法学	2021
2	全球知识产权法学治理博弈的深层话语构造：中国范式和中国路径	邵科	南京大学	知识产权法学	2021
3	注册商标使用中的"未改变显著特征"	付继存	中国政法大学	知识产权法学	2021
4	最小必要原则在平台处理个人信息实践中的适用	武腾	中央财经大学	民法学	2021
5	民事诉讼中具体化责任的转移：法理、条件与程度	周翠	浙江大学	民诉法学	2021

续表

序号	题名	作者	发文机构	学科	年份
6	案外人对执行标的主张实体权利的程序救济	金印	中国人民大学	民诉法学	2021
7	数字时代的身份构建及其法律保障：以个人信息保护为中心的思考	陆青	浙江大学	民法学	2021
8	法律行为内容评判的个案审查比对方法——兼谈民法典格式条款效力规范的解释	李世刚	复旦大学	民法学	2021
9	主观权利概念之理论检讨——以胎儿的民事权利能力问题为中心	陈帮锋	厦门大学	民法学	2021
10	嗣后财产灭失、相反行为与遗嘱效力	刘征峰	中南财经政法大学	民法学	2021
11	自然人民事权利能力差等论的批判与反思	汪志刚	江西财经大学	民法学	2021
12	民法典不当得利返还责任体系之展开	陈自强	台湾大学	民法学	2021
13	违约获益交出责任的正当性与独立性	吴国喆、长文昕娉	西安交通大学	民法学	2021
14	知情与行为相分离情形下法人知情归责的认定	萧鑫	中国社会科学院法学研究所	民法学	2021
15	物业服务合同法律构造之中国模式	徐涤宇	中南财经政法大学	民法学	2021
16	尊严死亡的权利分析与程序规制	沈德咏、刘静坤	全国政协社会和法制委员会、中国政法大学	民法学	2021
17	动产担保物权的默示延伸	庄加园	上海交通大学	民法学	2021
18	著作权法中传播权的体系	王迁	华东政法大学	知识产权法学	2021
19	民事诉讼撤销原判决之程序违法事由	占善刚	武汉大学	民诉法学	2021
20	基于合意解除合同的规范构造	姚明斌	华东政法大学	民法学	2021
21	非法人组织与其他组织的关系困局及其破解	谭启平	西南政法大学	民法学	2020
22	民法典中的动产和权利担保体系	龙俊	清华大学	民法学	2020

续表

序号	题名	作者	发文机构	学科	年份
23	收养法的社会化：从亲子法转向儿童法	邓丽	中国社会科学院法学研究所	民法学	2020
24	法学研究新范式：计算法学的内涵、范畴与方法	申卫星、刘云	清华大学	民法学	2020
25	成片开发与土地征收	黄忠	西南政法大学	民法学	2020
26	证明责任制度本质重述	胡学军	华东政法大学	民诉法学	2020
27	私法中善意认定的规则体系	石一峰	浙江大学	民法学	2020
28	托底型回购合同的风险转嫁机理	王文胜	湖南大学	民法学	2020
29	增值税中性原则与民事制度	班天可	复旦大学	民法学	2020
30	中国民法典总则与分则之间的统辖遵从关系	孙宪忠	中国社会科学院法学研究所	民法学	2020
31	公章抗辩的类型与处理	陈甦	中国社会科学院法学研究所	民法学	2020
32	基层法院的执行生态与非均衡执行	于龙刚	中南财经政法大学	民诉法学	2020
33	公私法协动视野下生态环境损害赔偿的理论构成	冯洁语	南京大学	民法学	2020
34	法人依瑕疵决议所为行为之效力	徐银波	西南政法大学	民法学	2020
35	混合共同担保人相互间无追偿权论	崔建远	清华大学	民法学	2020
36	支持理论下民事诉讼当事人法律意识的实证研究	冯晶	西南政法大学	民诉法学	2020
37	我国民事自认的非约束性及其修正	段文波	西南政法大学	民诉法学	2020
38	文书真伪认定的中国路径	曹志勋	北京大学	民诉法学	2019
39	宅基地立法政策与宅基地使用权制度改革	韩松	西北政法大学	民法学	2019
40	自然资源分出物的自由原始取得	张力	西南政法大学	民法学	2019
41	农村土地承包法修改后的承包地法权配置	高圣平	中国人民大学	民法学	2019
42	大数据有限排他权的基础理论	崔国斌	清华大学	知识产权法学	2019

续表

序号	题名	作者	发文机构	学科	年份
43	金钱"占有即所有"原理批判及权利流转规则之重塑	孙鹏	西南政法大学	民法学	2019
44	论民事规训关系——基于福柯权力理论的一种阐释	汪志刚	江西财经大学	民法学	2019
45	现代监护理念下监护与行为能力关系的重构	彭诚信、李贝	上海交通大学	民法学	2019
46	代理公开的例外类型和效果	朱虎	中国人民大学	民法学	2019
47	婚姻缔结行为的效力瑕疵——兼评民法典婚姻家庭编草案的相关规定	李昊、王文娜	北京航空航天大学、德国法兰克福大学	民法学	2019
48	释明变更诉讼请求的标准——兼论"证据规定"第35条第1款的规范目的	任重	清华大学	民诉法学	2019
49	宅基地使用权的制度困局与破解之维	陈小君	广东外语外贸大学	民法学	2019
50	乡村振兴背景下的宅基地权利制度重构	宋志红	中共中央党校	民法学	2019
51	从基本权理论看法律行为之阻却生效要件——一个跨法域释义学的尝试	章程	浙江大学	民法学	2019
52	多数人之债的类型建构	李中原	苏州大学	民法学	2019
53	书面形式与合同的成立	朱广新	中国社会科学院法学研究所	民法学	2019
54	著作权法限制音乐专有许可的正当性	王迁	华东政法大学	知识产权法学	2019
55	知识产权法与反不正当竞争法一般条款的关系——以图式的认知经济性为分析视角	蒋舸	清华大学	知识产权法学	2019
56	民法典中债权让与和债权质押规范的统合	李宇	上海财经大学	民法学	2019
57	民法典编纂视野下合同法第402条、第403条的存废	方新军	苏州大学	民法学	2019
58	协助决定取代成年监护替代决定——兼论民法典婚姻家庭编监护与协助的增设	李霞	华东政法大学	民法学	2019

续表

序号	题名	作者	发文机构	学科	年份
59	民法基本原则的意义脉络	易军	中国政法大学	民法学	2018
60	数据的私法定位与保护	纪海龙	华东师范大学	民法学	2018
61	商标保护与市场竞争关系之反思与修正	章凯业	清华大学	知识产权法学	2018
62	民事实质诉讼法论	陈刚	广州大学	民诉法学	2018
63	动产抵押的登记对抗原理	庄加园	上海交通大学	民法学	2018
64	对待给付风险负担的基本原则及其突破	刘洋	上海财经大学	民法学	2018
65	作品名称的多重功能与多元保护——兼评反不正当竞争法第6条第3项	彭学龙	中南财经政法大学	知识产权法学	2018
66	先签合同与后续合同的关系及其解释	崔建远	清华大学	民法学	2018
67	个人信息的侵权法保护	叶名怡	上海财经大学	民法学	2018
68	个人信息保护：从个人控制到社会控制	高富平	华东政法大学	民法学	2018
69	民刑交叉诉讼关系处理的规则与法理	张卫平	天津大学、清华大学	民诉法学	2018
70	被遗忘权：传统元素、新语境与利益衡量	刘文杰	中国传媒大学	民法学	2018
71	民法总则中非法人组织权利能力之证成	张其鉴	北京大学	民法学	2018
72	存款货币的权利归属与返还请求权——反思民法上货币"占有即所有"法则的司法运用	朱晓喆	上海财经大学	民法学	2018
73	实用艺术作品在著作权法上之独立性	冯晓青、付继存	中国政法大学	知识产权法学	2018
74	离婚协议中的"赠与子女财产"条款研究	陆青	浙江大学	民法学	2018
75	民法总则法源条款的缺失与补充	于飞	中国政法大学	民法学	2018
76	抵押权时效问题的民法表达	邹海林	中国社会科学院法学研究所	民法学	2018

续表

序号	题名	作者	发文机构	学科	年份
77	受害人特殊体质与损害赔偿责任的减轻——最高人民法院第24号指导案例评析	程啸	清华大学	民法学	2018
78	确认之诉的限缩及其路径	刘哲玮	北京大学	民诉法学	2018
79	信息网络传播权及其与广播权的界限	刘银良	北京大学	知识产权法学	2017
80	明清时期地权秩序的构造及其启示	汪洋	清华大学	民法学	2017
81	环境侵权因果关系类型化视角下的举证责任	陈伟	南京大学	民法学	2017
82	家庭法与民法知识谱系的分立	刘征峰	中南财经政法大学	民法学	2017
83	夫妻财产制与财产法规则的冲突与协调	裴桦	大连海事大学	民法学	2017
84	夫妻共同财产的潜在共有	龙俊	清华大学	民法学	2017
85	婚姻家庭立法的同一性原理——以婚姻家庭理念、形态与财产法律结构为中心	金眉	中国政法大学	民法学	2017
86	"谁主张谁举证"规则的历史变迁与现代运用	胡东海	中南财经政法大学	民诉法学	2017
87	委托合同任意解除的损害赔偿	周江洪	浙江大学	民法学	2017
88	重复诉讼禁止及其在知识产权民事纠纷中的应用——基本概念解析、重塑与案例群形成	卜元石	德国弗莱堡大学	民诉法学	2017
89	被误解和被高估的动态体系论	解亘、班天可	南京大学、复旦大学	民法学	2017
90	表见代理中的被代理人可归责性	朱虎	中国人民大学	民法学	2017
91	民事诉讼中的程序异议权研究	占善刚	武汉大学	民诉法学	2017
92	广播组织权的客体——兼析"以信号为基础的方法"	王迁	华东政法大学	知识产权法学	2017
93	包需求合同的法理与适用	刘承韪	中国政法大学	民法学	2017

续表

序号	题名	作者	发文机构	学科	年份
94	生命科技时代民法中人的主体地位构造基础	汪志刚	江西财经大学	民法学	2016
95	体系化视角下的意定代理权来源	尹飞	中央财经大学	民法学	2016
96	电子诉讼制度构建的法律基础	王福华	上海财经大学	民诉法学	2016
97	起诉条件前置审理论	段文波	西南政法大学	民诉法学	2016
98	中国债编体系构建中若干基础关系的协调——从法国重构债法体系的经验观察	李世刚	复旦大学	民法学	2016
99	预约合同效力和违约救济的实证考察与应然路径	耿利航	山东大学	民法学	2016
100	规范说与侵权责任法第79条的适用——与袁中华博士商榷	吴泽勇	河南大学	民诉法学	2016
101	我国民法典法人基本类型模式选择	罗昆	武汉大学	民法学	2016
102	再现型摄影作品之著作权认定	马一德	中南财经政法大学	知识产权法学	2016
103	诉讼标的理论的新范式——"相对化"与我国民事审判实务	陈杭平	清华大学	民诉法学	2016
104	信息网络传播行为的认定	刘文杰	中国传媒大学	知识产权法学	2016
105	农村土地"三权分置"的法理阐释与制度意蕴	高飞	广东外语外贸大学	民法学	2016
106	民法基本原则：理论反思与法典表达	于飞	中国政法大学	民法学	2016
107	缔约过程中说明义务的动态体系论	尚连杰	南京大学	民法学	2016
108	反思财产法制建设中的"事前研究"方法	冉昊	中国社会科学院法学研究所	民法学	2016
109	主体制度民商合一的中国路径	汪青松	西南政法大学	民法学	2016
110	民事证明责任分配之解释基准——以物权法第106条为分析文本	徐涤宇	中南财经政法大学	民法学	2016

续表

序号	题名	作者	发文机构	学科	年份
111	担保物权实现的程序标的：实践、识别与制度化	任重	清华大学	民诉法学	2016
112	治理体系的完善与民法典的时代精神	石佳友	中国人民大学	民法学	2016
113	买卖合同之规定准用于其他有偿合同	易军	中国政法大学	民法学	2016
114	民法典与民事诉讼法的连接与统合——从民事诉讼法视角看民法典的编纂	张卫平	清华大学	民诉法学	2016
115	民法典总则编"法律行为"一章学者建议稿的编写说明	孙宪忠	中国社会科学院法学研究所	民法学	2015
116	转基因作物基因污染受害者的请求权	阙占文	江西财经大学	民法学	2015
117	著作权法与专利法中"惩罚性赔偿"之非惩罚性	蒋舸	清华大学	知识产权法学	2015
118	缔约过失与欺诈的制度竞合——以欺诈的"故意"要件为中心	刘勇	南京大学	民法学	2015
119	支持起诉原则的法理及实践意义再认识	陈刚	华东政法大学	民诉法学	2015
120	疫学因果关系及其证明	陈伟	南京大学	民法学	2015
121	违约金的类型构造	姚明斌	华东政法大学	民法学	2015
122	决议行为效力规则之构造	徐银波	西南政法大学	民法学	2015
123	以房抵债协议的法理分析——《最高人民法院公报》载"朱俊芳案"评释	陆青	浙江大学	民法学	2015
124	承包权与经营权分置的法构造	蔡立东、姜楠	吉林大学、长春理工大学	民法学	2015
125	违约金担保功能的异化与回归——以对违约金类型的考察为中心	韩强	华东政法大学	民法学	2015
126	关联性要素与地理标志法的构造	王笑冰	山东大学	知识产权法学	2015
127	删而未除的"管辖错误"再审——基于2013年以来最高人民法院裁定书的分析	李浩	南京师范大学	民诉法学	2015

续表

序号	题名	作者	发文机构	学科	年份
128	导致物权变动之法院判决类型	房绍坤	烟台大学	民法学	2015
129	私法中理性人标准之构建	叶金强	南京大学	民法学	2015
130	货运代理转委托行为的类型区分及法律效力	方新军	苏州大学	民法学	2015
131	既判力相对性原则：根据、例外与制度化	张卫平	清华大学	民诉法学	2015
132	农民集体土地所有权的权能	韩松	西北政法大学	民法学	2014
133	我国意定动产担保物权法的一元化	董学立	南京财经大学	民法学	2014
134	规范说之本质缺陷及其克服——以侵权责任法第79条为线索	袁中华	中南民族大学	民诉法学	2014
135	商标侵权的判断标准：相似性与混淆可能性之关系	王太平	湘潭大学	知识产权法学	2014
136	第三人撤销之诉原告适格的再考察	王亚新	清华大学	民诉法学	2014
137	农民土地财产权保护的观念转变及其立法回应——以农村集体经济有效实现为视角	耿卓	中南财经政法大学	民法学	2014
138	买卖不破租赁规则的法律效果——以契约地位承受模式为前提	周江洪	浙江大学	民法学	2014
139	我国农村土地法律制度变革的思路与框架——十八届三中全会《决定》相关内容解读	陈小君	中南财经政法大学	民法学	2014
140	征收制度的调整及体系效应	崔建远	清华大学	民法学	2014
141	城市化与"入城"集体土地的归属	黄忠	西南政法大学	民法学	2014
142	新型农业经营体系下农地产权结构的法律逻辑	高圣平	中国人民大学	民法学	2014
143	宅基地管理与物权法的适用限度	桂华、贺雪峰	华中科技大学	民法学	2014
144	从法律原则到个案规范——阿列克西原则理论的民法应用	彭诚信	上海交通大学	民法学	2014

续表

序号	题名	作者	发文机构	学科	年份
145	多元的物权法源及其适用规律	常鹏翱	北京大学	民法学	2014
146	知识产权法的制度创新本质与知识创新目标	吴汉东	中南财经政法大学	知识产权法学	2014
147	风险社会大规模损害责任法的范式重构——从侵权赔偿到成本分担	刘水林	上海财经大学	民法学	2014
148	基于指示交付的动产所有权移转——兼评《中华人民共和国物权法》第26条	庄加园	上海交通大学	民法学	2014
149	我国民法上的占有保护——基于人民法院占有保护案例的实证分析	章正璋	苏州大学	民法学	2014
150	民事调解书的检察监督	李浩	南京师范大学	民诉法学	2014
151	第三人撤销之诉的原告适格	吴泽勇	河南大学	民诉法学	2014
152	民法转型的法源缺陷：形式化、制定法优位及其校正	张力	西南政法大学	民法学	2014
153	民法视野下的人体法益构造——以人体物性的科技利用为背景	汪志刚	江西财经大学	民法学	2014
154	作为债之独立类型的法定补偿义务	王轶	中国人民大学	民法学	2014
155	土地承包经营权的功能转型及权能实现——基于农村社会管理创新的视角	赵万一、汪青松	西南政法大学	民法学	2014
156	批准生效合同报批义务之违反、请求权方法与评价法学	汤文平	暨南大学	民法学	2014
157	非法发行链上的侵权所得赔偿	李承亮	武汉大学	民法学	2014
158	无权处分合同的效力、不安抗辩、解除及债务承担	崔建远	清华大学	民法学	2013
159	我国侵权责任法的侵权构成模式——以"民事权益"的定位与功能分析为中心	曹险峰	吉林大学	民法学	2013
160	网络反腐中的隐私权保护	张新宝、任彦	中国人民大学	民法学	2013
161	法律事实的意义辨析	常鹏翱	北京大学	民法学	2013

续表

序号	题名	作者	发文机构	学科	年份
162	网络服务商共同侵权制度之重塑	崔国斌	清华大学	知识产权法学	2013
163	自然资源国家所有权三层结构说	王涌	中国政法大学	民法学	2013
164	自然资源国家所有权双阶构造说	税兵	南京大学	民法学	2013
165	特殊动产物权变动的公示方法	王利明	中国人民大学	民法学	2013
166	环境管制标准在侵权法上的效力解释	宋亚辉	东南大学	民法学	2013
167	损害赔偿的方法	程啸、王丹	清华大学、德国基尔大学	民法学	2013
168	姓名变更规范研究	张红	中南财经政法大学	民法学	2013
169	诉讼标的之本土路径	严仁群	南京大学	民诉法学	2013
170	违约可得利益损失的确定规则	刘承韪	中国政法大学	民法学	2013
171	格式条款内容规制的规范体系	解亘	南京大学	民法学	2013
172	我国老年监护制度的立法突破及相关问题	杨立新	中国人民大学	民法学	2013
173	人格权立法之历史评析	易继明	北京大学	民法学	2013
174	"吴梅案"与判决后和解的处理机制——兼与王亚新教授商榷	吴泽勇	河南大学	民诉法学	2013
175	物权法自治性观念的变迁	朱虎	中国人民大学	民法学	2013
176	微博平台上的著作权	刘文杰	中国传媒大学	知识产权法学	2012
177	债权与物权在规范体系中的关联	常鹏翱	北京大学	民法学	2012
178	债权让与的优先顺序与公示制度	李宇	中国社会科学院法学研究所	民法学	2012
179	不完全行为能力人侵权责任构成之检讨	金可可、胡坚明	华东政法大学、德国康斯坦茨大学	民法学	2012
180	部分权利能力制度的构建	刘召成	首都师范大学	民法学	2012
181	中国物权法上的登记对抗主义	龙俊	北京大学	民法学	2012

续表

序号	题名	作者	发文机构	学科	年份
182	担保物权与时效的关联性研究	徐洁	西南政法大学	民法学	2012
183	违背善良风俗故意致人损害与纯粹经济损失保护	于飞	中国政法大学	民法学	2012
184	知识产权法学的制度风险与法律控制	吴汉东	中南财经政法大学	知识产权法学	2012
185	一审判决效力与二审中的诉讼外和解协议——最高人民法院公布的2号指导案例评析	王亚新	清华大学	民诉法学	2012
186	释明的理论逻辑	严仁群	南京大学	民诉法学	2012
187	私人自治与私法品性	易军	中国政法大学	民法学	2012
188	不动产一物二卖问题研究	许德风	北京大学	民法学	2012
189	雇主责任的归责原则与劳动者解放	班天可	日本北海道大学	民法学	2012
190	解除效果折衷说之评论	崔建远	清华大学	民法学	2012
191	组织视角下的民事诉讼发回重审制度	陈杭平	对外经济贸易大学	民诉法学	2012
192	民事诉讼调解结案率实证研究	张嘉军	郑州大学	民诉法学	2012

根据对相关文献年度发文数量的统计分析，可得2012—2021年《法学研究》该领域发文年度分布情况，如图5-17所示。

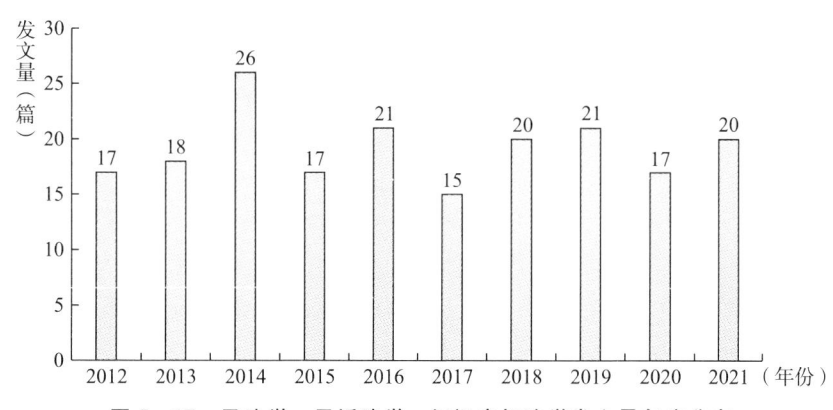

图5-17 民法学、民诉法学、知识产权法学发文量年度分布

年份	2012	2013	2014	2015	2016	2017	2018	2019	2020	2021
发文量（篇）	17	18	26	17	21	15	20	21	17	20

由图 5-17 可知，2012—2021 年《法学研究》该领域发文量较为平稳，年均发文量为 19.2 篇。其中发文量最多的年份为 2014 年（26 篇），发文量最少的年份为 2017 年（15 篇）。各年度的发文量均维持在较高水平，这表明《法学研究》一直密切关注该领域的发展。

统计民法学、民诉法学、知识产权法学在该领域的发文量占比，如图 5-18 所示。从具体的学科分布来看，民法学以 137 篇论文（71.4%）占据首位，民诉法学以 34 篇论文（17.7%）居于第二位，知识产权法学以 21 篇论文（10.9%）居于第三位。

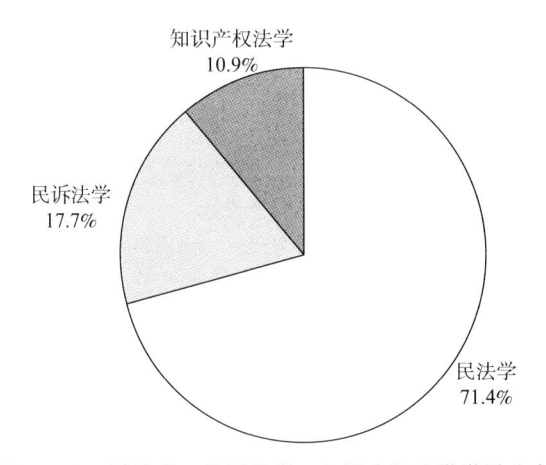

图 5-18 民法学、民诉法学、知识产权法学学科分布

2. 发文作者情况

笔者对发文作者进行统计分析，整理发文量不少于 3 篇的 14 位作者名单，如表 5-13 所示。由统计结果可知，在 2012—2021 年《法学研究》该领域的高产作者中，发文量最多的为 5 篇。发文量较多的作者为崔建远（清华大学，5 篇）、汪志刚（江西财经大学，4 篇）、班天可（日本北海道大学/复旦大学，3 篇）、于飞（中国政法大学，3 篇）、刘文杰（中国传媒大学，3 篇）、吴泽勇（河南大学，3 篇）、常鹏翱（北京大学，3 篇）、庄加园（上海交通大学，3 篇）、张卫平（天津大学、清华大学，3 篇）、易军（中国政法大学，3 篇）、朱虎（中国人民大学，3 篇）、王迁（华东政法大学，3 篇）、陆青（浙江大学，3 篇）、龙俊（北京大学/清华大学，3 篇）。

表 5-13 民法学、民诉法学、知识产权法学高产作者 TOP14

序号	作者	作者单位	发文量（篇）
1	崔建远	清华大学	5
2	汪志刚	江西财经大学	4
3	班天可	日本北海道大学/复旦大学	3
4	于飞	中国政法大学	3
5	刘文杰	中国传媒大学	3
6	吴泽勇	河南大学	3
7	常鹏翱	北京大学	3
8	庄加园	上海交通大学	3
9	张卫平	天津大学、清华大学	3
10	易军	中国政法大学	3
11	朱虎	中国人民大学	3
12	王迁	华东政法大学	3
13	陆青	浙江大学	3
14	龙俊	北京大学/清华大学	3

我们使用词云可视化软件绘制该领域作者分布图谱，如图 5-19 所示。从图 5-19 中可以发现，作者网络非常零散，这说明该领域内绝大部分研究为独立研究，作者合作较少。

图 5-19 民法学、民诉法学、知识产权法学发文作者

依据相关数据，绘制作者职称（学历）分布图，如图5-20所示。由图5-20可知，在该领域发文作者中，具有教授职称的作者占52.5%，具有副教授职称的作者占27.9%，具有讲师职称的作者占12.3%，研究生、博士后作者共占7.3%。相较于其他领域，在民法学、民诉法学、知识产权法学研究中，具有教授与副教授职称的作者发文量占比较低，具有讲师职称的作者占比相对较高。

习近平总书记指出，高品质的学术期刊要支持优秀学术人才成长。[①]优秀的学术人才既包括成熟的名家、大家，也包括正处于起步阶段的青年学者。对于后者，《法学研究》编辑部需要在主题选定、审稿、编稿、校稿等环节付出更多精力。《法学研究》支持优秀青年学术人才的成长，就是在更长的时间跨度内支持刊物的自身成长，也是旨在形成自己未来的优秀作者群体的一种眼界、一种格局和一种情怀。

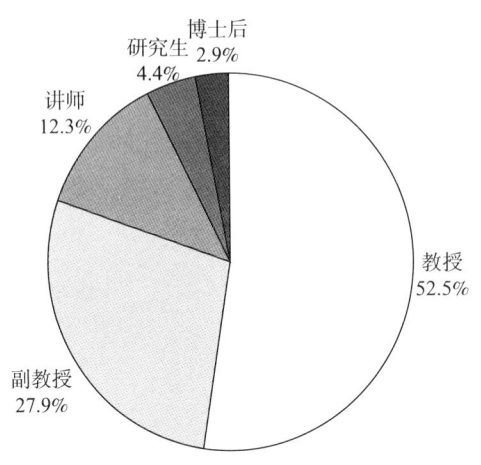

图5-20 民法学、民诉法学、知识产权法学发文作者职称（学历）分布

3. 发文机构情况

笔者整理出了该领域发文量前10的活跃发文机构，如表5-14所示，并使用易词云3.0软件绘制该领域发文机构词云，如图5-21所示。从统计结果中可以看到，该领域发文量最多的机构为清华大学（24篇），其发文量占该领域总发文量的12.5%。随后为西南政法大学（14篇）、中国政

---

① 参见《求是网评论员：发展我国哲学社会科学的重要指引》，求是网，http://www.qstheory.cn/wp/2021-05/13/c_1127438341.htm，最后访问日期：2023年2月17日。

法大学（13篇）、中南财经政法大学（13篇）、南京大学（12篇）、中国人民大学（11篇）、华东政法大学（11篇）、北京大学（10篇）、中国社会科学院法学研究所（9篇）、浙江大学（8篇）。

表 5-14 民法学、民诉法学、知识产权法学活跃发文机构 TOP10

序号	发文机构	发文量（篇）
1	清华大学	24
2	西南政法大学	14
3	中国政法大学	13
4	中南财经政法大学	13
5	南京大学	12
6	中国人民大学	11
7	华东政法大学	11
8	北京大学	10
9	中国社会科学院法学研究所	9
10	浙江大学	8

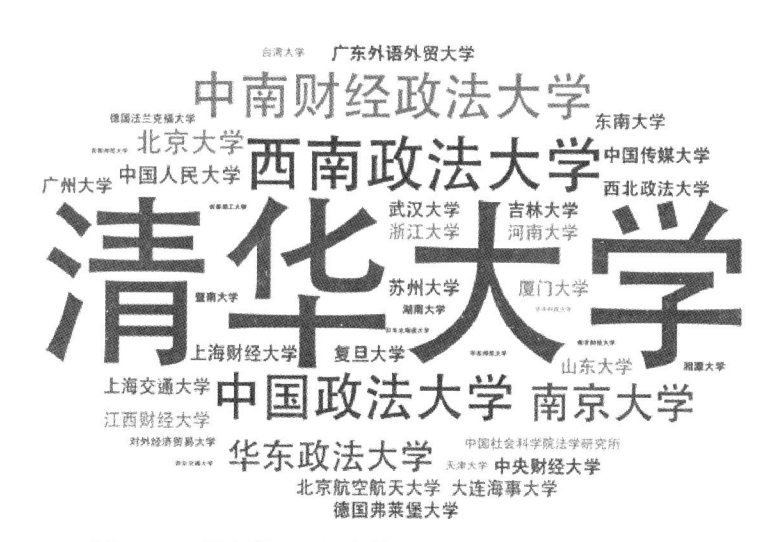

图 5-21 民法学、民诉法学、知识产权法学发文机构词云

4. 高频关键词情况

对 192 篇纳入文献的关键词词频作统计分析，可以揭示出该领域论文的内容特征和研究热点。

运用 VOSviewer 软件对文献关键词进行提取和聚类，并修正同义关键词，得到纳入文献的高频（出现频次≥3次）关键词 23 个。由统计结果可知，这十年该领域出现频次较多的关键词是民法典（7次）、诉讼标的（6次）、民事主体（5次）、三权分置（5次）、损害赔偿（5次）、法律行为（4次）、证明责任（4次）、个人信息（4次）、宅基地使用权（3次）、知识产权（3次）、民法总则（3次）、因果关系（3次）、担保物权（3次）、第三人撤销之诉（3次）、规范说（3次）、著作权法（3次）、个人信息保护（3次）、善意取得（3次）、物权法（3次）、自然资源（3次）、土地承包经营权（3次）、恢复原状（3次）、民事诉讼（3次）。使用 VOSviewer 软件绘制该领域研究主题聚类图，如图 5-22 所示。由图 5-22 可知，该领域目前形成了四大主题群，分别为：（1）民事主体，涉及的核心关键词有民法总则、法人、人体、人性尊严、权利能力；（2）民法典，涉及的核心关键词有法律行为、民法总则、动产担保、登记对抗；（3）担保物权，涉及的核心关键词有抵押权、诉讼时效、物权法；（4）诉讼标的，涉及的核心关键词有一事不再理、既判力、第三人撤销之诉。

图 5-22　民法学、民诉法学、知识产权法学研究主题聚类

在对关键词词频及其聚类进行分析的基础上，笔者使用 VOSviewer 软件进一步分析了关键词的时间特征，以了解该领域论文主题的变化情况，如图 5-23 所示。从主题分布来看，在所有主题中，民事主体主题群的研究时间跨度最大，在该领域的发展历史较长。在该领域的早期发展阶段，

图 5-23　民法学、民诉法学、知识产权法学研究主题时间线

对担保物权、第三人撤销之诉等的研究较多。关于民法典、诉讼标的的研究在 2016—2017 年这一阶段较为集中。从整体上看,民事主体、权利能力等是 2019 年以后该领域出现的发文热点。民诉法学的研究主要围绕诉讼标的展开。知识产权法学尚未形成明显的研究热点。

5. 高被引论文分析

截至 2021 年 10 月 1 日,笔者整理了 2012—2021 年《法学研究》民法学、民诉法学、知识产权法学被引排名前 10 的论文,如表 5-15 所示。

表 5-15　民法学、民诉法学、知识产权法学领域高被引论文 TOP10

序号	题名	作者	作者单位	学科	年份	被引频次（次）
1	个人信息保护：从个人控制到社会控制	高富平	华东政法大学	民法学	2018	832
2	我国农村土地法律制度变革的思路与框架——十八届三中全会《决定》相关内容解读	陈小君	中南财经政法大学	民法学	2014	694
3	承包权与经营权分置的法构造	蔡立东、姜楠	吉林大学、长春理工大学	民法学	2015	503
4	个人信息的侵权法保护	叶名怡	上海财经大学	民法学	2018	391
5	新型农业经营体系下农地产权结构的法律逻辑	高圣平	中国人民大学	民法学	2014	371
6	以房抵债协议的法理分析——《最高人民法院公报》载"朱俊芳案"评释	陆青	浙江大学	民法学	2015	364
7	农村土地"三权分置"的法理阐释与制度意蕴	高飞	广东外语外贸大学	民法学	2016	363
8	决议行为效力规则之构造	徐银波	西南政法大学	民法学	2015	311
9	数据的私法定位与保护	纪海龙	华东师范大学	民法学	2018	295
10	既判力相对性原则：根据、例外与制度化	张卫平	清华大学	民诉法学	2015	277

从表 5-15 中我们可以看出,被引频次居前 10 位的论文的平均被引频次为 440.1 次。其中被引频次最多的论文是高富平教授在 2018 年发表的

《个人信息保护：从个人控制到社会控制》一文，被引频次为832次。排名第二的是陈小君教授所作并于2014年发表的《我国农村土地法律制度变革的思路与框架——十八届三中全会〈决定〉相关内容解读》，被引频次为694次。随后是蔡立东、姜楠于2015年合著发表的《承包权与经营权分置的法构造》，被引频次为503次。在这10篇高被引论文中，仅有1篇为合著，其余均为独立研究。从研究主题来看，以农村土地改革、个人信息为主题的论文共7篇，其他主题的研究仅有3篇，这说明"农村土地改革""个人信息"成为该领域的焦点。

6. 基金资助情况

在2012—2021年《法学研究》该领域192篇论文中，基金论文共118篇，基金论文比为61.5%（见图5-24）。

7. 被重要文摘转载情况

笔者选取被《新华文摘》《中国社会科学文摘》《高等学校文科学术文摘》《人大复印报刊资料》《社会科学文摘》转载论文数量这一指标，通过收集《法学研究》该领域被转载论文，考察其文献特征，分析该领域论文的影响力现状（见表5-16）。

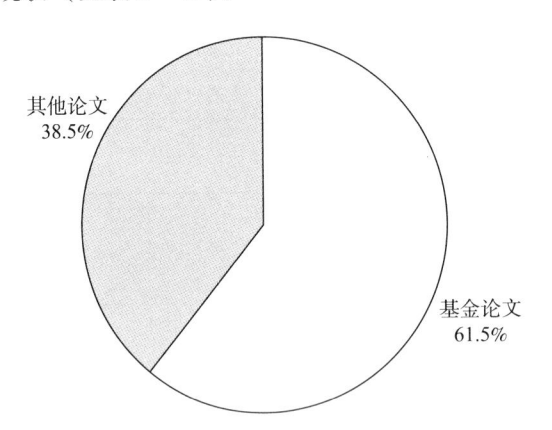

图5-24 民法学、民诉法学、知识产权法学
基金论文和其他论文分布

由表5-16可知，在该领域中，被"五大文摘"选择转载的优秀论文共69篇。从学科分布来看（如图5-25所示），被转载文章中，民法学的

五　各学科论文统计分析

表5-16　民法学、民诉法学、知识产权法学领域被"五大文摘"转载论文

序号	题名	作者	作者单位	学科	年份	转载载体
1	人工智能时代著作权合理使用制度的重塑	林秀芹	厦门大学	知识产权法学	2021	《人大复印报刊资料》
2	最小必要原则在平台处理个人信息实践中的适用	武腾	中央财经大学	民法学	2021	《人大复印报刊资料》
3	民事诉讼中具体化责任的转移：法理、条件与程度	周翠	浙江大学	民诉法学	2021	《人大复印报刊资料》
4	案外人对执行标的主张实体权利的程序救济	金印	中国人民大学	民诉法学	2021	《人大复印报刊资料》
5	法律行为内容评判的个案审查比对方法——兼谈民法典武格式条款规范力规范的解释	李世刚	复旦大学	民法学	2021	《人大复印报刊资料》
6	嗣后财产灭失、相反行为与遗嘱效力	刘征峰	中南财经政法大学	民法学	2021	《人大复印报刊资料》
7	民法典不当得利返还责任体系之展开	陈自强	台湾大学	民法学	2021	《人大复印报刊资料》
8	物业服务合同法律构造之中国模式	徐涤宇	中南财经政法大学	民法学	2021	《中国社会科学文摘》
9	尊严死亡的权利分析与程序规制	沈德咏、刘静坤	全国政协社会和法制委员会、中国政法大学	民法学	2021	《人大复印报刊资料》
10	著作权法中传播权的体系	王迁	华东政法大学	知识产权法学	2021	《社会科学文摘》
11	民事诉讼撤销判决之程序违法事由	占善刚	武汉大学	民诉法学	2021	《人大复印报刊资料》
12	民法典中的动产和权利担保体系	龙俊	清华大学	民法学	2020	《人大复印报刊资料》
13	收养法的社会化：从亲子法转向儿童法	邓丽	中国社会科学院法学研究所	民法学	2020	《社会科学文摘》

续表

序号	题名	作者	作者单位	学科	年份	转载载体
14	法学研究新范式：计算法学的内涵、范畴与方法	申卫星、刘云	清华大学	民法学	2020	《中国社会科学文摘》《高等学校文科学术文摘》
15	私法中善意认定的规则体系	石一峰	浙江大学	民法学	2020	《人大复印报刊资料》
16	托底型回购合同的风险转嫁机理	王文胜	湖南大学	民法学	2020	《人大复印报刊资料》
17	增值税中性原则与民事原制度	班天可	复旦大学	民法学	2020	《人大复印报刊资料》
18	中国民法典总则与分则之间的统辖遵从关系	孙宪忠	中国社会科学院法学研究所	民法学	2020	《人大复印报刊资料》《中国社会科学文摘》
19	公章抗辩的类型与处理	陈甦	中国社会科学院法学研究所	民法学	2020	《人大复印报刊资料》
20	基层法院的执行生态与非均衡执行	于龙刚	中南财经政法大学	民诉法学	2020	《人大复印报刊资料》
21	公私法协动视野下生态环境损害赔偿的理论构成	冯洁语	南京大学	民法学	2020	《人大复印报刊资料》
22	法人依据瑕疵决议所为行为之效力	徐银波	西南政法大学	民法学	2020	《人大复印报刊资料》
23	宅基地立法政策与宅基地使用权制度改革	韩松	西北政法大学	民法学	2019	《人大复印报刊资料》
24	大数据有限排他权的基础理论	崔国斌	清华大学	知识产权法学	2019	《中国社会科学文摘》
25	农村土地承包地修改后的承包地法权配置	高圣平	中国人民大学	民法学	2019	《社会科学文摘》
26	现代监护理念下监护能力与行为能力关系的重构	彭诚信、李贝	上海交通大学	民法学	2019	《人大复印报刊资料》
27	代理公开的例外类型和效果	朱虎	中国人民大学	民法学	2019	《人大复印报刊资料》
28	宅基地使用权的制度困局与破解之维	陈小君	广东外语外贸大学	民法学	2019	《人大复印报刊资料》

五　各学科论文统计分析

续表

序号	题名	作者	作者单位	学科	年份	转载载体
29	多数人之债的类型建构	李中原	苏州大学	民法学	2019	《人大复印报刊资料》
30	著作权法限制音乐专有许可的正当性	王迁	华东政法大学	知识产权法学	2019	《人大复印报刊资料》
31	民法典编纂视野下合同法第402条、第403条的存废	方新军	苏州大学	民法学	2019	《人大复印报刊资料》
32	协助决定取代成年监护替代决定——兼论民法典婚姻家庭编协助的增设	李霞	华东政法大学	民法学	2019	《人大复印报刊资料》
33	数据的私法定位与保护	纪海龙	华东师范大学	民法学	2018	《人大复印报刊资料》
34	民法基本原则的意义脉络	易军	中国政法大学	民法学	2018	《人大复印报刊资料》《社会科学文摘》
35	民事实质诉讼法	陈刚	广州大学	民诉法学	2018	《人大复印报刊资料》
36	动产抵押登记对抗原理	庄加园	上海交通大学	民法学	2018	《人大复印报刊资料》
37	作品名称的多重功能与多元保护——兼评反不正当竞争法第6条第3项	彭学龙	中南财经政法大学	知识产权法学	2018	《人大复印报刊资料》《新华文摘》
38	先签合同与后续合同的关系及其解释	崔建远	清华大学	民法学	2018	《人大复印报刊资料》
39	存款货币的权利归属与返还请求权——反思民法货币上"占有即所有"法则的司法运用	朱晓喆	上海财经大学	民法学	2018	《人大复印报刊资料》
40	民法总则法源条款的缺失与补充	于飞	中国政法大学	民法学	2018	《人大复印报刊资料》
41	受害人特殊体质与损害赔偿责任的减轻——最高人民法院第24号指导案例评析	程啸	清华大学	民法学	2018	《人大复印报刊资料》
42	确认之诉的限缩及其路径	刘哲玮	北京大学	民诉法学	2018	《人大复印报刊资料》

续表

序号	题名	作者	作者单位	学科	年份	转载载体
43	明清时期地权秩序的构造及其启示	汪洋	清华大学	民法学	2017	《人大复印报刊资料》
44	环境侵权因果关系类型化视角下的举证责任	陈伟	南京大学	民法学	2017	《人大复印报刊资料》
45	婚姻家庭立法的同一性原理——以婚姻家庭理念、形态与财产法律结构为中心	金眉	中国政法大学	民法学	2017	《社会科学文摘》
46	被误解和被高估的动态体系论	解亘、班天可	南京大学、复旦大学	民法学	2017	《人大复印报刊资料》
47	包含请求合同的法理与适用	刘承韪	中国政法大学	民法学	2017	《人大复印报刊资料》
48	体系化视角下的意定代理权来源	尹飞	中央财经大学	民法学	2016	《人大复印报刊资料》
49	起诉条件前置审理论	段文波	西南政法大学	民诉法学	2016	《人大复印报刊资料》
50	预约合同效力和违约救济的实证考察与应然路径	耿利利航	山东大学	民法学	2016	《人大复印报刊资料》
51	中国债编体系构建中若干基础关系的协调——从法国债法典体系构建的经验观察	李世刚	复旦大学	民法学	2016	《人大复印报刊资料》
52	诉讼标的理论的新范式——"相对化"与我国民事审判实务	陈杭平	清华大学	民诉法学	2016	《人大复印报刊资料》
53	我国民法典人基本类型模式选择	罗昆	武汉大学	民法学	2016	《人大复印报刊资料》
54	农村土地"三权分置"的法理阐释与制度意蕴	高飞	广东外语外贸大学	民法学	2016	《人大复印报刊资料》
55	缔约过程中说明义务的动态体系论	尚连杰	南京大学	民法学	2016	《人大复印报刊资料》
56	反思财产法制建设中的"事前研究"方法	冉昊	中国社会科学院法学研究所	民法学	2016	《人大复印报刊资料》

续表

序号	题名	作者	作者单位	学科	年份	转载载体
57	民事证明责任分配之解释基准——以物权法第106条为分析文本	徐涤宇	中南财经政法大学	民法学	2016	《人大复印报刊资料》《高等学校文科学术文摘》
58	法理体系的完善与民法典的时代精神	石佳友	中国人民大学	民法学	2016	《人大复印报刊资料》
59	买卖合同之规定准用于其他有偿合同	易军	中国政法大学	民法学	2016	《人大复印报刊资料》
60	民事诉讼法与民事诉讼法的连接与统合——从民事诉讼法视角看民法典的编纂	张卫平	清华大学	民诉法学	2016	《人大复印报刊资料》《中国社会科学文摘》
61	著作权法与专利法中"惩罚性赔偿"之非惩罚性	蒋舸	清华大学	知识产权法学	2015	《人大复印报刊资料》
62	决议行为效力规则之构造	徐银波	西南政法大学	民法学	2015	《人大复印报刊资料》
63	承包权与经营权分置的法构造	蔡立东、姜楠	吉林大学、长春理工大学	民法学	2015	《人大复印报刊资料》《中国社会科学文摘》
64	以房抵债协议的法理分析——《最高人民法院公报》载"朱俊芳案"评析	陆青	浙江大学	民法学	2015	《人大复印报刊资料》
65	关联性要素与地理标志法的构造	王笑冰	山东大学	知识产权法学	2015	《人大复印报刊资料》
66	删而未除的"管辖错误"再审——基于2013年以来最高人民法院裁定书的分析	李浩	南京师范大学	民诉法学	2015	《人大复印报刊资料》
67	导致物权变动之法院判决类型	房绍坤	烟台大学	民法学	2015	《人大复印报刊资料》
68	货运代理委托合同的类型区分及法律效力	方新军	苏州大学	民法学	2015	《人大复印报刊资料》
69	组织代理视角下的民事诉讼发回重审制度	陈杭平	对外经济贸易大学	民诉法学	2012	《中国社会科学文摘》

文章最多，占该部分总被转载量的 73.9%，随后是民诉法学（15.9%）、知识产权法学（10.1%）。被转载文章数量较多的发文机构为清华大学（9篇）、中国政法大学（6篇）、中南财经政法大学（5篇）、复旦大学（4篇）、南京大学（4篇）与中国社会科学院法学研究所（4篇）等。

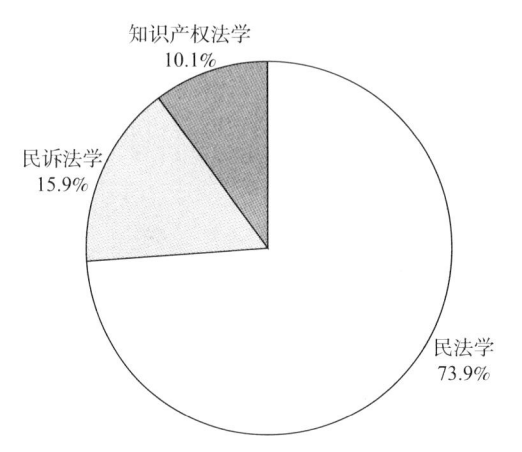

图 5-25 民法学、民诉法学、知识产权法学领域被"五大文摘"转载论文学科分布

（四）商法学、经济法学、劳动与社会保障法学、环境法学论文

1. 论文产出情况

笔者进行数据整理后，共得到 64 篇商法学、经济法学、劳动与社会保障法学、环境法学文献，统计结果如表 5-17 所示。

表 5-17 2012—2021 年《法学研究》商法学、经济法学、劳动与社会保障法学、环境法学论文

序号	题名	作者	作者单位	学科	年份
1	保险法安全维护义务的体系定位与规则重塑	马宁	苏州大学	商法学	2021
2	抽逃出资规则及公司分配制度的系统性改造	王军	中国政法大学	商法学	2021

续表

序号	题名	作者	作者单位	学科	年份
3	公共性视角下的互联网平台反垄断规制	张晨颖	清华大学	经济法学	2021
4	公司债券非公开发行的规范模式	叶林	中国人民大学	商法学	2021
5	平台监管的新公用事业理论	高薇	北京大学	经济法学	2021
6	跨法域合同纠纷中强制性规范的类型及认定规则	陈醇	浙江师范大学	商法学	2021
7	劳动基准法的范畴、规范结构与私法效力	沈建峰	中央财经大学	劳动与社会保障法学	2021
8	上市公司实际控制人法律责任的反思与构建	郑彧	华东政法大学	商法学	2021
9	破产法的指标化进路及其检讨——以世界银行"办理破产"指标为例	高丝敏	清华大学	商法学	2021
10	公司资本制度的后端改革与偿债能力测试的借鉴	朱慈蕴、皮正德	深圳大学、清华大学	商法学	2021
11	关联交易规制的世行范式评析与中国范式重构	汪青松	西南政法大学	商法学	2021
12	欺诈市场理论反思	耿利航	中国政法大学	商法学	2020
13	股东出资加速到期的理论证成	钱玉林	华东政法大学	商法学	2020
14	公司治理中的控股股东及其法律规制	赵旭东	中国政法大学	商法学	2020
15	劳动者社交媒体言论自由及其限制	谢增毅	中国社会科学院法学研究所	劳动与社会保障法学	2020
16	环境法体系中的自然保护地立法	吴凯杰	北京大学	环境法学	2020
17	股东会决议无效的公司法解释	叶林	中国人民大学	商法学	2020
18	公司决议瑕疵立法的范式转换与体系重构	丁勇	华东政法大学	商法学	2020
19	"对赌协议"的裁判路径及政策选择——基于 PE/VC 与公司对赌场景的分析	刘燕	北京大学	商法学	2020
20	平台经济从业者社会保险法律制度的构建	娄宇	中国政法大学	劳动与社会保障法学	2020
21	金融法中混业"但书"规定之反思	刘志伟	西南政法大学	经济法学	2019
22	公司代表越权担保的制度逻辑解析——以公司法第16条第1款为中心	邹海林	中国社会科学院法学研究所	商法学	2019

续表

序号	题名	作者	作者单位	学科	年份
23	工伤认定一般条款的建构路径	郑晓珊	暨南大学	劳动与社会保障法学	2019
24	环境民事公益诉讼性质定位省思	巩固	浙江大学	环境法学	2019
25	优先股与普通股的利益分配——基于信义义务的制度方法	潘林	山东大学	商法学	2019
26	避税行为可罚性之探究	汤洁茵	中国社会科学院大学	经济法学	2019
27	公司融资语境下股与债的界分	许德风	北京大学	商法学	2019
28	税收构成要件理论的反思与再造	叶金育	中南民族大学	经济法学	2018
29	金融科技背景下金融监管范式的转变	周仲飞、李敬伟	中国浦东干部学院、对外经济贸易大学	经济法学	2018
30	互联网金融风险的社会特性与监管创新	许多奇	上海交通大学	经济法学	2018
31	智能投资顾问模式中的主体识别和义务设定	高丝敏	清华大学	经济法学	2018
32	中国环境法治中的政党、国家与社会	陈海嵩	中南大学	环境法学	2018
33	民法总则与公司法的适用关系论	钱玉林	华东政法大学	商法学	2018
34	海上保险的最大诚信：制度内涵与立法表达	初北平	大连海事大学	商法学	2018
35	认缴制后公司法资本规则的革新	丁勇	华东政法大学	商法学	2018
36	环境责任保险与环境风险控制的法律体系建构	马宁	西北政法大学	商法学	2018
37	利他型人寿保险中投保人与受益人的对价关系	岳卫	南京大学	商法学	2017
38	保险法因果关系判定的规则体系	武亦文	武汉大学	商法学	2017
39	司法解散公司事由的实证研究	李建伟	中国政法大学	商法学	2017
40	修复生态环境责任的实证解析	吕忠梅、窦海阳	中国社会科学院法学研究所	环境法学	2017
41	劳动力市场灵活性与劳动合同法的修改	谢增毅	中国社会科学院法学研究所	劳动与社会保障法学	2017
42	民法与商法二元格局的演变与形成	施鸿鹏	浙江大学	商法学	2017
43	保险法上如实告知义务之新检视	李飞	南京师范大学	商法学	2017

续表

序号	题名	作者	作者单位	学科	年份
44	税法续造与税收法定主义的实现机制	汤洁茵	中国青年政治学院	经济法学	2016
45	雾霾应急的中国实践与环境法理	陈海嵩	中南大学	环境法学	2016
46	反不正当竞争法一般条款的司法适用模式	吴峻	中国社会科学院法学研究所	经济法学	2016
47	财政补助社会保险的法学透析：以二元分立为视角	熊伟、张荣芳	武汉大学	经济法学	2016
48	非法集资刑事案件涉案财产处置程序的商法之维	陈醇	浙江师范大学	商法学	2015
49	保险人明确说明义务批判	马宁	西北政法大学	商法学	2015
50	自然资源国家所有权公权说再论	巩固	浙江大学	环境法学	2015
51	破产视角下的抵销	许德风	北京大学	商法学	2015
52	城市化升级转型中的社会保障与社会法	魏建国	黑龙江大学	劳动与社会保障法学	2015
53	内幕交易侵权责任的因果关系	曾洋	南京大学	商法学	2014
54	资本制度变革下的资本法律责任——公司法修改的理性解读	赵旭东	中国政法大学	商法学	2014
55	公司法资本制度改革的逻辑与路径——基于商业实践视角的观察	刘燕	北京大学	商法学	2014
56	国家环境保护义务的溯源与展开	陈海嵩	浙江农林大学	环境法学	2014
57	房产税改革正当性的五维建构	刘剑文	北京大学	经济法学	2014
58	累积投票制的引入与实践——以上市公司为例的经验性观察	钱玉林	扬州大学	商法学	2013
59	船舶优先权与海事赔偿责任限制的价值冲突与协调	傅廷中	清华大学	商法学	2013
60	公司制度趋同理论检视下的中国公司治理评析	朱慈蕴、林凯	清华大学	商法学	2013
61	自然资源国家所有权公权说	巩固	浙江大学	环境法学	2013
62	职代会的定位与功能重塑	谢增毅	中国社会科学院法学研究所	劳动与社会保障法学	2013
63	中国公司法人格否认制度实证研究	黄辉	香港中文大学	商法学	2012
64	金融衍生交易的法律解释——以合同为中心	刘燕、楼建波	北京大学	商法学	2012

根据对相关文献年度发文数量的统计分析，可得 2012—2021 年《法

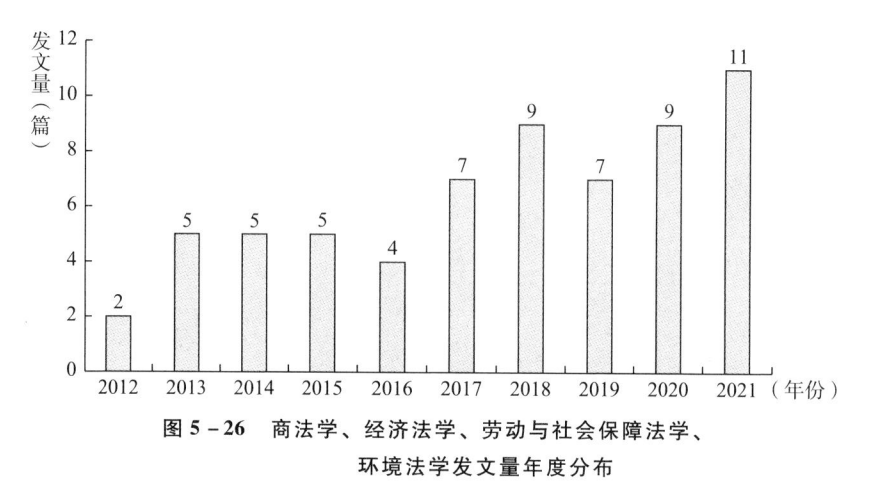

学研究》该领域发文量年度分布情况，如图 5-26 所示。

图 5-26 商法学、经济法学、劳动与社会保障法学、环境法学发文量年度分布

由图 5-26 可知，2012—2021 年《法学研究》该领域发文量总体呈稳步上升趋势，年均发文量为 6.4 篇。其中发文量最少的年份在 2012 年（2 篇），2013—2016 年该领域发文量呈稳定状态。随着该领域逐渐受到学界更多的关注，其研究热度不断提升，2017 年后该领域发文量呈快速上涨的趋势。2020 年《法学研究》专题论坛的选题与营商环境相关，因此《法学研究》在 2021 年刊发了较多相关学科的论文，致使 2021 年发文量达到峰值（11 篇）。

统计商法学、经济法学、劳动与社会保障法学、环境法学的发文量占比，如图 5-27 所示。从具体的学科分布来看，商法学的论文以 37 篇（57.8%）占据首位，经济法学的论文以 12 篇（18.8%）居于第二位，环境法学的论文以 8 篇（12.5%）居于第三位，劳动与社会保障法学的论文以 7 篇（10.9%）居于第四位。

2. 发文作者情况

统计结果显示，在 2012—2021 年《法学研究》该领域的作者中，发文量不少于 3 篇的作者分别为谢增毅（中国社会科学院法学研究所，3 篇）、巩固（浙江大学，3 篇）、刘燕（北京大学，3 篇）、钱玉林（扬州大学/华东政法大学，3 篇）、陈海嵩（浙江农林大学/中南大学，3 篇）、马宁（西北政法大学/苏州大学，3 篇），如表 5-18 所示。使用词云可视化软件绘制作者图谱，如图 5-28 所示。

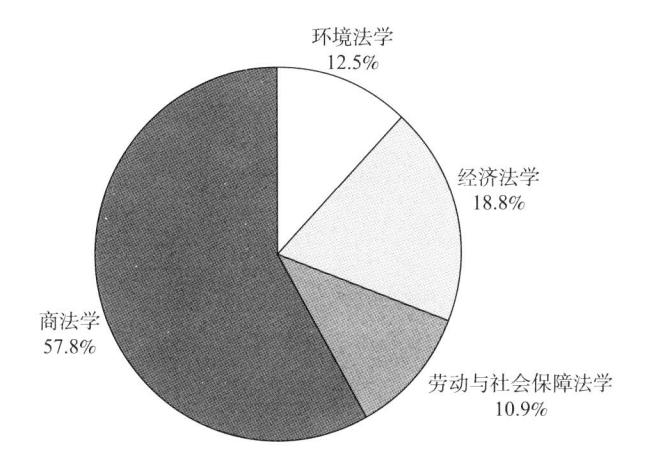

图 5-27 商法学、经济法学、劳动与社会保障法学、环境法学学科分布

表 5-18 商法学、经济法学、劳动与社会保障法学、环境法学高产作者 TOP6

序号	作者	作者单位	发文量（篇）
1	谢增毅	中国社会科学院法学研究所	3
2	巩固	浙江大学	3
3	刘燕	北京大学	3
4	钱玉林	扬州大学/华东政法大学	3
5	陈海嵩	浙江农林大学/中南大学	3
6	马宁	西北政法大学/苏州大学	3

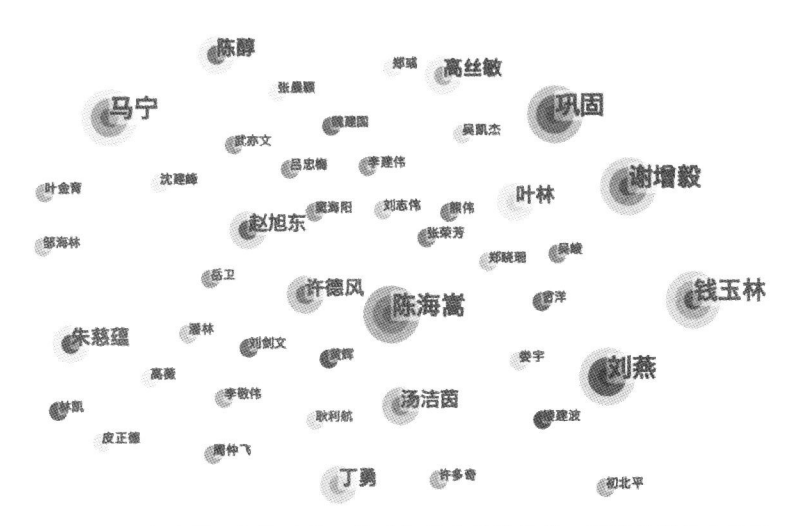

图 5-28 商法学、经济法学、劳动与社会保障法学、环境法学发文作者

依据相关数据，绘制作者职称（学历）分布图，如图 5-29 所示。由图 5-29 可知，在该领域发文作者中，具有教授职称的作者占 53.1%，具有副教授职称的作者占 37.5%，具有讲师职称的作者占 3.1%，研究生作者占 4.7%，博士后作者占 1.6%。这表明在该领域，教授与副教授仍然是中坚力量。

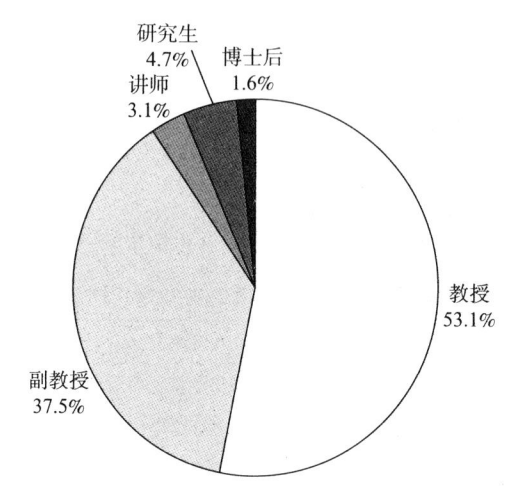

图 5-29 商法学、经济法学、劳动与社会保障法学、环境法学发文作者职称（学历）分布

3. 发文机构情况

依据 64 篇纳入文献，使用词云可视化软件绘制 2012—2021 年《法学研究》该领域发文机构分布图，如图 5-30 所示。由表 5-19 可知，该领域发文量较多的机构为北京大学（8 篇）、中国社会科学院法学研究所（6 篇）、清华大学（6 篇）、中国政法大学（6 篇）、华东政法大学（5 篇）。

表 5-19 商法学、经济法学、劳动与社会保障法学、环境法学活跃发文机构 TOP5

序号	发文机构	发文量（篇）
1	北京大学	8
2	中国社会科学院法学研究所	6
3	清华大学	6
4	中国政法大学	6
5	华东政法大学	5

五 各学科论文统计分析

中国政法大学

浙江师范大学

中国社会科学院法学研究所

西北政法大学

浙江大学

清华大学

中南大学

西南政法大学

中国人民大学

北京大学

武汉大学

华东政法大学

南京大学

图 5-30 商法学、经济法学、劳动与社会保障法学、环境法学发文机构

4. 高频关键词情况

对 64 篇纳入文献的关键词词频进行统计分析，可以揭示出该领域论文的内容特征和研究热点。

使用易词云 3.0 软件绘制商法学、经济法学、劳动与社会保障法学、环境法学关键词词云，如图 5-31 所示。由统计结果可知，出现频次较多的关键词是信义义务（5 次）、资本维持（4 次）、公司法（3 次）、国家环境保护义务（3 次）、保险法（2 次）、保险责任（2 次）、债权人保护（2 次）、公司分配（2 次）、公司治理（2 次）、因果关系（2 次）、资本制度（2 次）、监管科技（2 次）、认缴制（2 次）、金融科技（2 次）、保险合同（2 次）、一般条款（2 次）、国家所有权（2 次）、民法总则（2 次）、社会保险（2 次）、自然资源（2 次）、营商环境（2 次）、非法集资（2 次）、民商法（2 次）、税收法定（2 次）。使用 VOSviewer 可视化软件绘制研究主题时间线视图，如图 5-32 所示。可见，对认缴制与资本制度的研究自 2018 年开始，公司法方向的研究时间跨度较大。近年来的研究热点主要有营商环境、债权人保护、公司分配等。

图 5-31　商法学、经济法学、劳动与社会保障法学、
环境法学关键词词云

图 5-32　商法学、经济法学、劳动与社会保障法学、
环境法学研究主题时间线

5. 高被引论文情况

截至 2021 年 10 月 1 日，笔者整理了 2012—2021 年《法学研究》商法学、经济法学、劳动与社会保障法学、环境法学被引频次排名前 10 的论文，如表 5-20 所示。

表 5-20　商法学、经济法学、劳动与社会保障法学、
环境法学高被引论文 TOP10

序号	题名	作者	作者单位	学科	年份	被引频次（次）
1	资本制度变革下的资本法律责任——公司法修改的理性解读	赵旭东	中国政法大学	商法学	2014	623

续表

序号	题名	作者	作者单位	学科	年份	被引频次（次）
2	公司法资本制度改革的逻辑与路径——基于商业实践视角的观察	刘燕	北京大学	商法学	2014	459
3	修复生态环境责任的实证解析	吕忠梅、窦海阳	中国社会科学院法学研究所	环境法学	2017	396
4	中国公司法人格否认制度实证研究	黄辉	香港中文大学	商法学	2012	358
5	国家环境保护义务的溯源与展开	陈海嵩	浙江农林大学	环境法学	2014	269
6	金融科技背景下金融监管范式的转变	周仲飞、李敬伟	中国浦东干部学院、对外经济贸易大学	经济法学	2018	264
7	认缴制后公司法资本规则的革新	丁勇	华东政法大学	商法学	2018	253
8	反不正当竞争法一般条款的司法适用模式	吴峻	中国社会科学院法学研究所	经济法学	2016	219
9	互联网金融风险的社会特性与监管创新	许多奇	上海交通大学	经济法学	2018	202
10	环境民事公益诉讼性质定位省思	巩固	浙江大学	环境法学	2019	199

从表5-20中可以发现，被引频次居前10位的论文的平均被引频次为324.2次。被引频次最多的论文是赵旭东教授在2014年发表的《资本制度变革下的资本法律责任——公司法修改的理性解读》一文，被引频次为623次。排名第二的是刘燕教授所作并于2014年发表的《公司法资本制度改革的逻辑与路径——基于商业实践视角的观察》，被引频次为459次。随后是吕忠梅与窦海阳合著发表的《修复生态环境责任的实证解析》，被引频次为396次。

这10篇高被引论文主要分布在商法学、经济法学与环境法学领域。其中仅有2篇为合著，其余均为独著论文。

6. 基金资助情况

在该领域64篇论文中，有36篇论文获得基金资助，其中，多篇论文同时受到多项基金的资助，基金论文比为56.3%（见图5-33）。

其他论文
43.8%

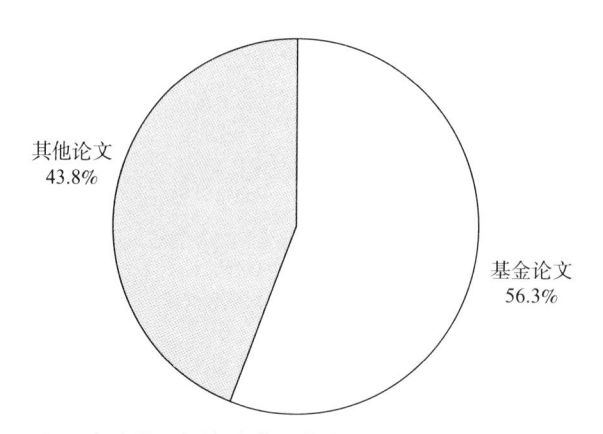

基金论文
56.3%

图 5-33　商法学、经济法学、劳动与社会保障法学、环境法学
基金论文和其他论文分布

7. 被重要文摘转载情况

笔者选取截至 2021 年 12 月 31 日被《新华文摘》《中国社会科学文摘》《高等学校文科学术文摘》《人大复印报刊资料》《社会科学文摘》转载论文数量这一指标，通过收集《法学研究》该领域被转载论文，并考察其文献特征，分析该领域论文的影响力现状（见表 5-21）。

由表 5-21 可知，在该领域中，被"五大文摘"选择转载的优秀论文共 32 篇。从学科分布来看（如图 5-34 所示），被转载文章中，商法学的

环境法学
6.2%

劳动与社会保障法学
18.8%

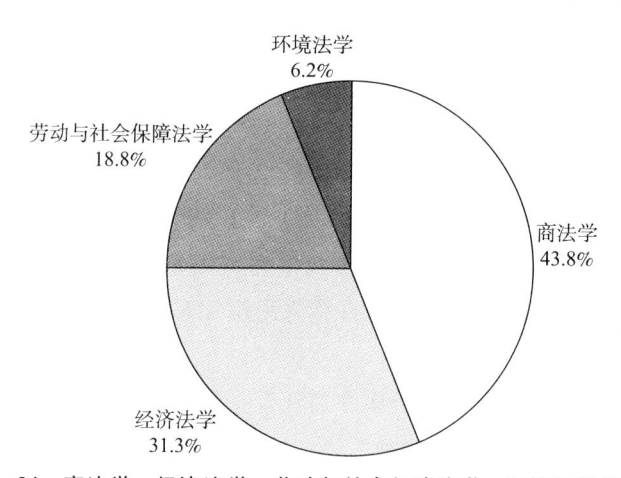

商法学
43.8%

经济法学
31.3%

图 5-34　商法学、经济法学、劳动与社会保障法学、环境法学领域被
"五大文摘"转载论文学科分布

表 5-21 商法学、经济法学、劳动与社会保障法学、环境法学领域被"五大文摘"转载论文

序号	题名	作者	作者单位	学科	年份	转载载体
1	抽逃出资规则及公司分配制度的系统性改造	王军	中国政法大学	商法学	2021	《人大复印报刊资料》
2	公共性视角下的互联网平台反垄断规制	张晨颖	清华大学	经济法学	2021	《人大复印报刊资料》
3	劳动基准法的范畴、规范结构与私法效力	沈建峰	中央财经大学	劳动与社会保障法学	2021	《人大复印报刊资料》
4	破产法的指标化进路及其检讨——以世界银行"办理破产"指标为例	高丝敏	清华大学	商法学	2021	《人大复印报刊资料》
5	公司资本制度的后端改革与偿债能力测试的借鉴	朱慈蕴、皮正德	深圳大学、清华大学	商法学	2021	《人大复印报刊资料》
6	公司治理中的控股股东及其法律规制	赵旭东	中国社会科学院	商法学	2020	《人大复印报刊资料》《新华文摘》
7	劳动者社交媒体言论自由及其限制	谢增毅	中国社会科学院法学研究所	劳动与社会保障法学	2020	《人大复印报刊资料》《社会科学文摘》
8	股东会决议无效的公司法解释	叶林	中国人民大学	商法学	2020	《人大复印报刊资料》
9	"对赌协议"的裁判路径及政策选择——基于PE/VC与公司对赌场景的分析	刘燕	北京大学	商法学	2020	《人大复印报刊资料》
10	平台经济从业者社会保险法律制度的构建	娄宇	中国政法大学	劳动与社会保障法学	2020	《人大复印报刊资料》
11	金融法中混业"但书"规定之反思	刘志伟	西南政法大学	经济法学	2019	《人大复印报刊资料》
12	工伤认定一般条款的建构路径	郑晓珊	暨南大学	劳动与社会保障法学	2019	《人大复印报刊资料》
13	环境民事公益诉讼性质定位省思	巩固	浙江大学	环境法学	2019	《人大复印报刊资料》
14	避税行为可罚性之探究	汤洁茵	中国社会科学院大学	经济法学	2019	《人大复印报刊资料》
15	公司融资语境下股与债的界分	许德风	北京大学	商法学	2019	《人大复印报刊资料》

续表

序号	题名	作者	作者单位	学科	年份	转载载体
16	税收构成要件理论的反思与再造	叶金育	中南民族大学	经济法学	2018	《人大复印报刊资料》
17	金融科技背景下金融监管范式的转变	周仲飞、李敬伟	中国浦东干部学院、对外经济贸易大学	经济法学	2018	《人大复印报刊资料》
18	互联网金融风险的社会特性与监管创新	许多奇	上海交通大学	经济法学	2018	《人大复印报刊资料》《社会科学文摘》
19	智能投资顾问模式中的主体识别和义务设定	高丝敏	清华大学	经济法学	2018	《人大复印报刊资料》
20	海上保险的最大诚信：制度内涵与立法表达	初北平	大连海事大学	商法学	2018	《人大复印报刊资料》
21	环境责任保险与环境风险控制的法律体系建构	马宁	西北政法大学	商法学	2018	《人大复印报刊资料》
22	利他型人寿保险中投保人与受益人的对价关系	岳卫	南京大学	商法学	2017	《人大复印报刊资料》
23	保险法因果关系判定的规则体系	武亦文	武汉大学	商法学	2017	《人大复印报刊资料》
24	劳动力市场灵活性与劳动合同法的修改	谢增毅	中国社会科学院法学研究所	劳动与社会保障法学	2017	《中国社会科学文摘》
25	保险法上如实告知义务之新检视	李飞	南京师范大学	商法学	2017	《人大复印报刊资料》
26	税法续造与税收法定主义的实现机制	汤洁茵	中国青年政治学院	经济法学	2016	《人大复印报刊资料》
27	反不正当竞争法一般条款的司法适用模式	吴峻	中国社会科学院法学研究所	经济法学	2016	《人大复印报刊资料》

续表

序号	题名	作者	作者单位	学科	年份	转载载体
28	财政补助社会保险的法学透析：以二元分立为视角	熊伟、张荣芳	武汉大学	经济法学	2016	《人大复印报刊资料》
29	自然资源国家所有权公权说再论	巩固	浙江大学	环境法学	2015	《人大复印报刊资料》
30	破产视角下的抵销	许德风	北京大学	商法学	2015	《人大复印报刊资料》
31	城市化升级转型中的社会保障与社会法	魏建国	黑龙江大学	劳动与社会保障法学	2015	《新华文摘》《中国社会科学文摘》
32	公司制度趋同理论检视下的中国公司治理评析	朱慈蕴、林凯	清华大学	商法学	2013	《新华文摘》

文章最多，占该部分总被转载量的43.8%，其后是经济法学（31.3%）、劳动与社会保障法学（18.8%）、环境法学（6.2%）。被转载文章数量较多的发文机构为清华大学（5篇）、中国社会科学院法学研究所（3篇）、中国政法大学（3篇）和北京大学（3篇）。

（五）刑法学论文

1. 论文产出情况

笔者进行数据整理后，共得到73篇刑法学文献，统计结果如表5-22所示。

表5-22　2012—2021年《法学研究》刑法学论文

序号	题名	作者	作者单位	年份
1	量刑自由裁量权的边界：集体经验、个体决策与偏差识别	吴雨豪	北京大学	2021
2	犯罪故意概念中的"危害社会"：规范判断与归责机能	曾文科	中国政法大学	2021
3	量刑指导意见的司法实践与重构——以盗窃罪为切入点	彭雅丽	美国芝加哥大学	2021
4	诈骗罪中的处分意识：必要性及判别	袁国何	复旦大学	2021
5	论刑法教义学与实证研究	白建军	北京大学	2021
6	法治化营商环境建设的合规机制——以刑事合规为中心	李本灿	山东大学	2021
7	我国社区矫正法的历史地位与立法特点	吴宗宪	北京师范大学	2020
8	刑民交叉实体问题的解决路径——"法律效果论"之展开	陈少青	对外经济贸易大学	2020
9	以罪名为讨论平台的反思与纠正	丁胜明	西南政法大学	2020
10	组织体刑事责任论及其应用	黎宏	清华大学	2020
11	故意伤害案件中赔偿影响量刑的机制	高通	南开大学	2020
12	共犯人关系的再思考	张明楷	清华大学	2020
13	规制抽象危险犯的新路径：双层法益与比例原则的融合	蓝学友	清华大学	2019
14	受贿犯罪的保护法益：公职的不可谋私利性	劳东燕	清华大学	2019

续表

序号	题名	作者	作者单位	年份
15	网络空间中犯罪帮助行为的类型化——来自司法判决的启发	邓矜婷	中国人民大学	2019
16	正当防卫法律规则司法重构的经验研究	赵军	北京师范大学	2019
17	防卫限度判断中的利益衡量	徐成	北京大学	2019
18	他行为能力问题研究	陈兴良	北京大学	2019
19	注意义务的规范本质与判断标准	陈璇	中国人民大学	2019
20	集体法益的刑法保护及其边界	孙国祥	南京大学	2018
21	业务侵占：贪污罪的解释方向	王彦强	南京师范大学	2018
22	不真正不作为犯的边界	姚诗	湖南大学	2018
23	城市高密度区域的犯罪吸引机制	单勇	南京大学	2018
24	构成要件错误的本质：故意行为危险的偏离	柏浪涛	华东师范大学	2018
25	侵犯公民个人信息罪"情节严重"的法理重述	石聚航	南昌大学	2018
26	受贿犯罪的保护法益	张明楷	清华大学	2018
27	免除刑罚制度的比较考察	曾文科	中国政法大学	2017
28	故意杀人罪死刑裁量机制的实证研究	王越	北京大学	2017
29	预防刑法的扩张及其限度	何荣功	武汉大学	2017
30	机能的思考方法下的罪数论	庄劲	中山大学	2017
31	行贿罪之"谋取不正当利益"的法理内涵	车浩	北京大学	2017
32	刑法修正：维度、策略、评价与反思	梁根林	北京大学	2017
33	受贿犯罪保护法益与刑法第388条的解释	黎宏	清华大学	2017
34	基于法官集体经验的量刑预测研究	白建军	北京大学	2016
35	生命冲突、紧急避险与责任阻却	陈璇	中国人民大学	2016
36	积极刑法立法观在中国的确立	周光权	清华大学	2016
37	刑法体系的合宪性调控——以"李斯特鸿沟"为视角	张翔	中国人民大学	2016
38	善终、凶死与杀人偿命——中国人死刑观念的文化阐释	尚海明	西南政法大学	2016
39	归责视野下共同犯罪的区分制与单一制	何庆仁	中国青年政治学院	2016
40	被害人因受骗而同意的法律效果	付立庆	中国人民大学	2016

续表

序号	题名	作者	作者单位	年份
41	法条竞合与想象竞合的区分	张明楷	清华大学	2016
42	援引法定刑的刑法解释——以马乐利用未公开信息交易案为例	孙谦	最高人民检察院	2016
43	醉酒型危险驾驶罪量刑影响因素实证研究	文姬	湖南大学	2016
44	间接正犯概念之否定——单一正犯体系的视角	刘明祥	中国人民大学	2015
45	期待可能性理论的引入及限定性适用	钱叶六	苏州大学	2015
46	具体的打击错误：从故意认定到故意归责	欧阳本祺	东南大学	2015
47	准抽象危险犯概念之提倡	陈洪兵	南京师范大学	2015
48	侵害人视角下的正当防卫论	陈璇	中国人民大学	2015
49	死刑存废的民意维度——以组织卖淫罪可罚性观念的测量为中心	赵军	北京师范大学	2015
50	刑法教义学研究的中国主体性	丁胜明	西南政法大学	2015
51	死刑适用标准的体系化构造	劳东燕	清华大学	2015
52	当代中国刑法法典化研究	赵秉志	北京师范大学	2014
53	刑法解释方法位阶性的质疑	周光权	清华大学	2014
54	宽严相济刑事政策应回归为司法政策	孙万怀	华东政法大学	2014
55	共同犯罪的认定方法	张明楷	清华大学	2014
56	行政法规范之违反与过失实行行为之认定——基于新过失论的阐释	王海涛	北京航空航天大学	2014
57	宪法价值视域中的涉户犯罪——基于法教义学的体系化重构	白斌	中央财经大学	2013
58	主犯正犯化质疑	刘明祥	中国人民大学	2013
59	先前行为与实行过限下知情共犯人的刑事责任	姚诗	湖南大学	2013
60	死缓限制减刑及其适用——以最高人民法院发布的两个指导案例为切入点	黎宏	清华大学	2013
61	故意杀人罪的手段残忍及其死刑裁量——以刑事指导案例为对象的研究	陈兴良	北京大学	2013
62	"被教唆的人没有犯被教唆的罪"之理解——兼与刘明祥教授商榷	周光权	清华大学	2013

续表

序号	题名	作者	作者单位	年份
63	隐性双轨制：刑法中保安处分的教义学阐释	时延安	中国人民大学	2013
64	刑法解释中的形式论与实质论之争	劳东燕	清华大学	2013
65	但书、罪量与扒窃入罪	梁根林	北京大学	2013
66	构成要件符合性与客观处罚条件的判断	柏浪涛	中国地质大学	2012
67	刑法学中危险接受的法理	张明楷	清华大学	2012
68	自杀的认定及其相关行为的刑法评价	王钢	德国马克斯·普朗克外国与国际刑法研究所	2012
69	风险刑法理论的批判与反思	南连伟	中国政法大学	2012
70	情节犯之情节的犯罪论体系性定位	王莹	中国人民大学	2012
71	盗窃罪中的被害人同意	车浩	北京大学	2012
72	双层区分制下正犯与共犯的区分	钱叶六	清华大学	2012
73	法条竞合特别关系及其处理	王强	南京师范大学	2012

根据对相关文献年度发文数量的统计分析，可得 2012—2021 年《法学研究》刑法学发文量年度分布情况，如图 5-35 所示。

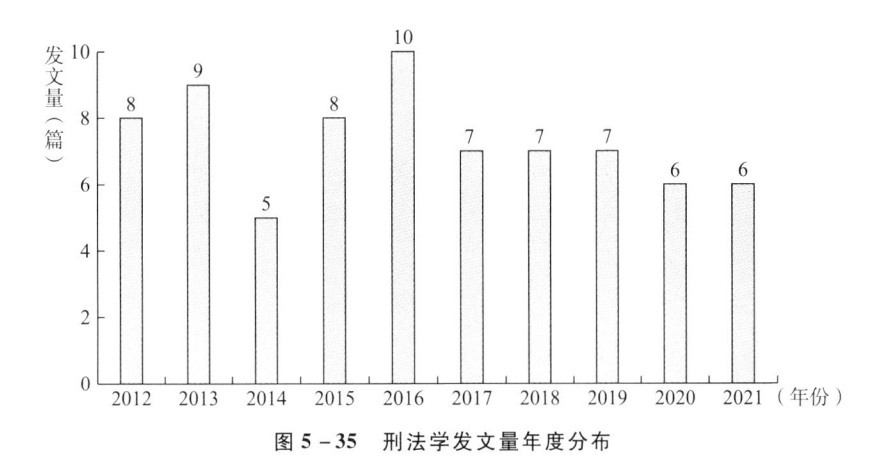

图 5-35 刑法学发文量年度分布

由图 5-35 可知，刑法学发文量整体较为平稳，年均发文量为 7.3 篇。其中，发文量最多的年份为 2016 年（10 篇），发文量最少的年份为 2014 年（5 篇）。2012—2013 年，发文量保持高位缓慢增长；2014 年，发文量大幅下降，达到历史最低值，随后稳步上升；2016 年，发文量达到峰值；

2017—2021年，发文量一直保持平稳状态。

2. 发文作者情况

如表5-23所示，在2012—2021年《法学研究》刑法学的高产作者中，发文量最多的为5篇，有5位作者的发文量在3篇及以上，分别为张明楷（清华大学，5篇）、黎宏（清华大学，3篇）、劳东燕（清华大学，3篇）、陈璇（中国人民大学，3篇）、周光权（清华大学，3篇）。从统计结果中可以发现，在发文量排名前5的作者中，有4位来自清华大学。使用易词云3.0软件绘制作者词云，如图5-36所示。

表5-23 刑法学高产作者TOP16

序号	作者	作者单位	发文量（篇）
1	张明楷	清华大学	5
2	黎宏	清华大学	3
3	劳东燕	清华大学	3
4	陈璇	中国人民大学	3
5	周光权	清华大学	3
6	曾文科	中国政法大学	2
7	白建军	北京大学	2
8	丁胜明	西南政法大学	2
9	赵军	北京师范大学	2
10	陈兴良	北京大学	2
11	姚诗	湖南大学	2
12	柏浪涛	中国地质大学/华东师范大学	2
13	车浩	北京大学	2
14	梁根林	北京大学	2
15	刘明祥	中国人民大学	2
16	钱叶六	清华大学/苏州大学	2

依据相关数据，绘制作者职称（学历）分布图，如图5-37所示。由图5-37可知，在刑法学领域的发文作者中，72.6%的作者职称为教授，12.3%的作者职称为副教授，5.5%的作者职称为讲师，1.4%的作者为博士后，研究生作者占8.2%。值得注意的是，在刑法学领域，青年学者的发文量占比远远高于其他领域。

图 5-36 刑法学发文作者

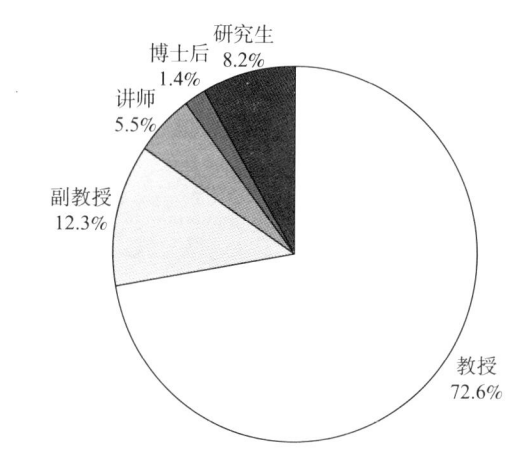

图 5-37 刑法学发文作者职称（学历）分布

3. 发文机构情况

笔者整理出了刑法学领域发文量前 8 的活跃发文机构，如表 5-24 所示，并使用易词云 3.0 软件绘制刑法学发文机构词云，如图 5-38 所示。从统计结果中可以看到，共有 8 家机构发文量不少于 3 篇。2012—2021 年，在《法学研究》该领域内发文量最多的机构为清华大学（16 篇），随后为北京大学（11 篇）、中国人民大学（10 篇）、北京师范大学（4 篇）、湖南大学（3 篇）、南京师范大学（3 篇）、西南政法大学（3 篇）、中国政法大学（3 篇）。排名前 3 的机构的发文量占该学科总发文量的 50.7%。

表 5 - 24　刑法学活跃发文机构 TOP8

序号	发文机构	发文量（篇）
1	清华大学	16
2	北京大学	11
3	中国人民大学	10
4	北京师范大学	4
5	湖南大学	3
6	南京师范大学	3
7	西南政法大学	3
8	中国政法大学	3

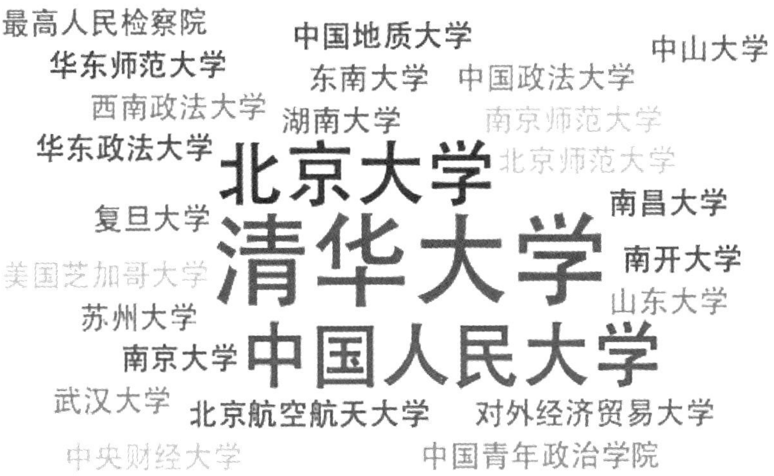

图 5 - 38　刑法学发文机构词云

4. 高频关键词情况

对 73 篇刑法学文献的关键词词频作统计分析，可以揭示出刑法学论文的内容特征和研究热点。

笔者使用 VOSviewer 软件对刑法学的研究热点进行可视化分析，如图 5 - 39 所示。从图 5 - 39 中可以看到，以区分制、共同犯罪、教唆犯等为中心形成了多个重要的研究区域。这表明刑法学的研究热点主要集中在共同犯罪、犯罪主体等主题上。

为了更直观地探究刑法学领域的热点分布，笔者使用易词云 3.0 软件

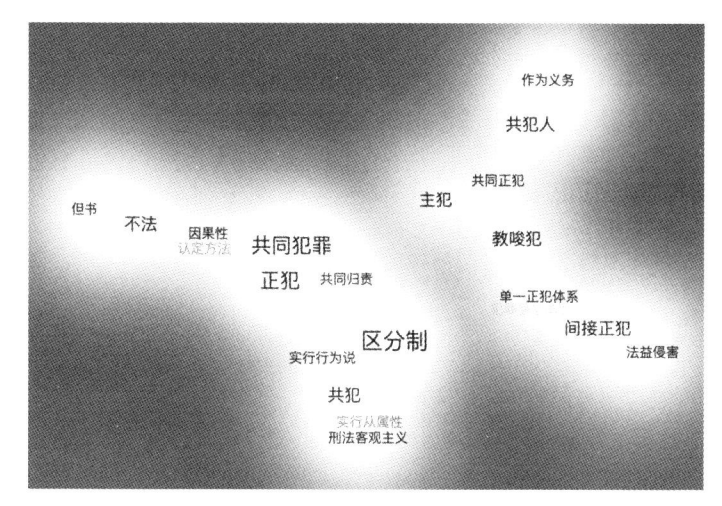

图 5-39　刑法学研究热点

绘制刑法学关键词词云，如图 5-40 所示。由统计结果可知，出现频次较多的关键词是区分制（4 次）、正当防卫（3 次）、共同犯罪（3 次）、正犯（3 次）。

图 5-40　刑法学关键词词云

5. 高被引论文情况

截至 2021 年 10 月 1 日，笔者整理了 2012—2021 年《法学研究》刑法学被引频次排名前 10 的论文，如表 5-25 所示。

表 5-25 刑法学高被引论文 TOP10

序号	题名	作者	作者单位	年份	被引频次（次）
1	积极刑法立法观在中国的确立	周光权	清华大学	2016	526
2	共同犯罪的认定方法	张明楷	清华大学	2014	381
3	预防刑法的扩张及其限度	何荣功	武汉大学	2017	329
4	侵害人视角下的正当防卫论	陈璇	中国人民大学	2015	281
5	刑法修正：维度、策略、评价与反思	梁根林	北京大学	2017	255
6	法条竞合与想象竞合的区分	张明楷	清华大学	2016	240
7	刑法学中危险接受的法理	张明楷	清华大学	2012	224
8	双层区分制下正犯与共犯的区分	钱叶六	清华大学	2012	222
9	情节犯之情节的犯罪论体系性定位	王莹	中国人民大学	2012	210
10	集体法益的刑法保护及其边界	孙国祥	南京大学	2018	206

从表 5-25 中可以发现，被引频次居前 10 位的论文的平均被引频次为 287.4 次。被引频次最多的论文是周光权教授在 2016 年发表的《积极刑法立法观在中国的确立》一文，被引频次为 526 次。排名第二的是张明楷教授所作并于 2014 年发表的《共同犯罪的认定方法》，被引频次为 381 次。随后是何荣功教授于 2017 年发表的《预防刑法的扩张及其限度》，被引频次为 329 次。这 10 篇论文全部为独著论文。在这 10 篇高被引论文中，清华大学与中国人民大学的论文占 70%，这可以在一定程度上说明这两个机构在该领域的研究实力与影响力。

6. 基金资助情况

在该领域 73 篇论文中，有 38 篇论文获得基金资助，基金论文比为 52.1%（见图 5-41）。

7. 被重要文摘转载情况

笔者选取被《新华文摘》《中国社会科学文摘》《高等学校文科学术文摘》《人大复印报刊资料》《社会科学文摘》转载论文数量这一指标，通过收集《法学研究》该领域被转载论文，考察其文献特征，分析该领域论文的影响力现状（见表 5-26）。

其他论文 47.9%　　基金论文 52..1%

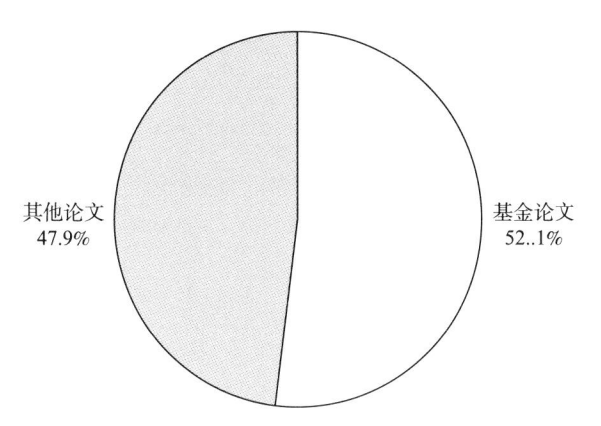

图 5-41　刑法学基金论文和其他论文分布

表 5-26　刑法学领域被"五大文摘"转载的论文

序号	题名	作者	作者单位	年份	转载载体
1	量刑自由裁量权的边界：集体经验、个体决策与偏差识别	吴雨豪	北京大学	2021	《人大复印报刊资料》
2	犯罪故意概念中的"危害社会"：规范判断与归责机能	曾文科	中国政法大学	2021	《人大复印报刊资料》
3	诈骗罪中的处分意识：必要性及判别	袁国何	复旦大学	2021	《人大复印报刊资料》
4	论刑法教义学与实证研究	白建军	北京大学	2021	《人大复印报刊资料》
5	刑民交叉实体问题的解决路径——"法律效果论"之展开	陈少青	对外经济贸易大学	2020	《人大复印报刊资料》
6	以罪名为讨论平台的反思与纠正	丁胜明	西南政法大学	2020	《人大复印报刊资料》
7	组织体刑事责任论及其应用	黎宏	清华大学	2020	《人大复印报刊资料》
8	共犯人关系的再思考	张明楷	清华大学	2020	《人大复印报刊资料》
9	受贿犯罪的保护法益：公职的不可谋私利性	劳东燕	清华大学	2019	《人大复印报刊资料》
10	网络空间中犯罪帮助行为的类型化——来自司法判决的启发	邓矜婷	中国人民大学	2019	《人大复印报刊资料》
11	他行为能力问题研究	陈兴良	北京大学	2019	《人大复印报刊资料》
12	集体法益的刑法保护及其边界	孙国祥	南京大学	2018	《人大复印报刊资料》
13	不真正不作为犯的边界	姚诗	湖南大学	2018	《人大复印报刊资料》
14	故意杀人罪死刑裁量机制的实证研究	王越	北京大学	2017	《人大复印报刊资料》
15	行贿罪之"谋取不正当利益"的法理内涵	车浩	北京大学	2017	《人大复印报刊资料》
16	刑法修正：维度、策略、评价与反思	梁根林	北京大学	2017	《人大复印报刊资料》

续表

序号	题名	作者	作者单位	年份	转载载体
17	受贿犯罪保护法益与刑法第388条的解释	黎宏	清华大学	2017	《人大复印报刊资料》
18	基于法官集体经验的量刑预测研究	白建军	北京大学	2016	《人大复印报刊资料》
19	生命冲突、紧急避险与责任阻却	陈璇	中国人民大学	2016	《人大复印报刊资料》
20	刑法体系的合宪性调控——以"李斯特鸿沟"为视角	张翔	中国人民大学	2016	《中国社会科学文摘》《社会科学文摘》
21	醉酒型危险驾驶罪量刑影响因素实证研究	文姬	湖南大学	2016	《人大复印报刊资料》
22	具体的打击错误：从故意认定到故意归责	欧阳本祺	东南大学	2015	《中国社会科学文摘》
23	侵害人视角下的正当防卫论	陈璇	中国人民大学	2015	《人大复印报刊资料》
24	刑法解释方法位阶性的质疑	周光权	清华大学	2014	《人大复印报刊资料》

由表5-26可知，在该领域中，被"五大文摘"选择转载的优秀论文共24篇。被转载文章数量较多的发文机构为北京大学（7篇）、清华大学（5篇）和中国人民大学（4篇）。

（六）刑诉法学论义

1. 论文产出情况

笔者进行数据整理后，共得到83篇刑诉法学文献，统计结果如表5-27所示。

表5-27　2012—2021年《法学研究》刑诉法学论文

序号	题名	作者	作者单位	年份
1	论区块链证据	刘品新	中国人民大学	2021
2	有组织犯罪案件分案审理问题研究	龙宗智	四川大学	2021
3	论刑事综合型证明模式及其对印证模式的超越	向燕	西南政法大学	2021
4	基于决定关系的证据客观性：概念、功能与理论定位	徐舒浩	中国人民大学	2021

续表

序号	题名	作者	作者单位	年份
5	初查的行政执法化改革及其配套机制——以公安机关"行刑衔接"为视角	张泽涛	广州大学	2021
6	证据属性层次论——基于证据规则结构体系的理论反思	郑飞	北京交通大学	2021
7	专家参与刑事司法的多元功能及其体系化	陈如超	西南政法大学	2020
8	认罪认罚案件量刑建议研究	陈卫东	中国人民大学	2020
9	我国刑事上诉制度多元化的建构路径——以认罪认罚案件为切入点	牟绿叶	浙江大学	2020
10	刑事诉讼法时间效力规则研究	聂友伦	中国人民大学	2020
11	被追诉人认罪认罚的撤回	汪海燕	中国政法大学	2020
12	合意式刑事诉讼论	王新清	中国社会科学院大学	2020
13	中国刑事专家辅助人向专家证人的角色转变	张保生、董帅	中国政法大学	2020
14	认罪认罚从宽中的特殊不起诉	董坤	最高人民检察院检察理论研究所	2019
15	刑事证据分布理论及其运用	冯俊伟	山东大学	2019
16	被追诉人的权利处分：基础规范与制度构建	郭松	四川大学	2019
17	附条件不起诉制度实施状况研究	何挺	北京师范大学	2019
18	电子数据在刑事证据体系中的定位与审查判断规则——基于网络假货犯罪案件裁判文书的分析	胡铭	浙江大学	2019
19	基于数据主权的国家刑事取证管辖模式	梁坤	西南政法大学	2019
20	证据法体系化的法理阐释	吴洪淇	中国政法大学	2019
21	刑事证据标准与证明标准之异同	熊晓彪	吉林大学	2019
22	刑事辩护率：差异化及其经济因素分析——以四川省2015—2016年一审判决书为样本	左卫民、张潋瀚	四川大学	2019
23	羁押必要性审查制度试点研究报告	陈卫东	中国人民大学	2018
24	技术侦查证据使用问题研究	程雷	中国人民大学	2018
25	电子证据真实性的三个层面——以刑事诉讼为例的分析	褚福民	中国政法大学	2018

续表

序号	题名	作者	作者单位	年份
26	刑民交叉案件中的事实认定与证据使用	龙宗智	四川大学	2018
27	国家监察体制改革后检察制度的巩固与发展	朱孝清	中国法学会	2018
28	个人信息大数据与刑事正当程序的冲突及其调和	裴炜	北京航空航天大学	2018
29	逮捕制度再改革的法释义学解读	李训虎	中国政法大学	2018
30	认罪认罚案件的证明标准	孙长永	西南政法大学	2018
31	为作为证明方法的"印证"辩护	薛爱昌	西安交通大学	2018
32	刑事诉讼法中的侦查概括条款	艾明	西南政法大学	2017
33	审判中心论的话语体系分歧及其解决	樊传明	华东师范大学	2017
34	刑事速裁程序试点实效检验——基于12666份速裁案件裁判文书的实证分析	李本森	中国政法大学	2017
35	刑事印证证明新探	龙宗智	四川大学	2017
36	刑事被告人答辩制度之构建	欧卫安	广州大学	2017
37	全面依法治国背景下的刑事公诉	孙谦	最高人民检察院	2017
38	基层法院审判委员会压力案件决策的实证研究	王伦刚、刘思达	西南财经大学、加拿大多伦多大学	2017
39	刑事诉讼中变更公诉的限度	周长军	山东大学	2017
40	认罪认罚何以从宽：误区与正解——反思效率优先的改革主张	左卫民	四川大学	2017
41	司法鉴定管理体制改革的方向与逻辑	陈如超	西南政法大学	2016
42	积极抗辩事由的证明责任：误解与澄清	李昌盛	西南政法大学	2016
43	电子证据的关联性	刘品新	中国人民大学	2016
44	完善认罪认罚从宽制度：中国语境下的关键词展开	魏晓娜	中国人民大学	2016
45	刑事程序比例构造方法论探析	秦策	南京师范大学	2016
46	刑事隐蔽性证据规则研究	秦宗文	南京大学	2016
47	全案移送背景下控方卷宗笔录在审判阶段的使用	孙远	中国青年政治学院	2016
48	审判委员会运行状况的实证研究	左卫民	四川大学	2016

续表

序号	题名	作者	作者单位	年份
49	监听侦查的法治实践：美国经验与中国路径	曾赟	浙江工商大学	2015
50	公民参与司法：理论、实践及改革——以刑事司法为中心的考察	陈卫东	中国人民大学	2015
51	诱惑侦查的程序控制	程雷	中国人民大学	2015
52	侦查讯问录音录像制度的功能定位及发展路径	董坤	最高人民检察院检察理论研究所	2015
53	分段审查抑或归口审查：羁押必要性审查的改革逻辑	林喜芬	上海交通大学	2015
54	庭审实质化的路径和方法	龙宗智	四川大学	2015
55	法官责任制度的三种模式	陈瑞华	北京大学	2015
56	省级统管地方法院法官任用改革审思——基于实证考察的分析	左卫民	四川大学	2015
57	以审判为中心的刑事诉讼制度改革	魏晓娜	中国人民大学	2015
58	我国侦查权的程序性控制	詹建红、张威	中南财经政法大学	2015
59	中国刑事印证理论批判	周洪波	西南民族大学	2015
60	检察官相对独立论	朱孝清	最高人民检察院	2015
61	非法证据排除程序再讨论	陈瑞华	北京大学	2014
62	证据保管链制度研究	陈永生	北京大学	2014
63	刑事诉讼制度的地方性试点改革	郭松	四川大学	2014
64	鉴定人出庭与专家辅助人角色定位之实证研究	胡铭	浙江大学	2014
65	刑事错案形成的心理原因	黄士元	山东大学	2014
66	深化改革背景下对司法行政化的遏制	龙宗智、袁坚	四川大学、四川省高级人民法院	2014
67	庭前会议：从法理到实证的考察	莫湘益	湖南商学院	2014
68	刑事既判力理论及其中国化	施鹏鹏	西南政法大学	2014
69	刑事诉讼法上的类推解释	杨文革	南开大学	2014
70	死刑控制与最高人民法院的功能定位	左卫民	四川大学	2014
71	专家证据的价值与我国司法鉴定制度的修改	季美君	最高人民检察院检察理论研究所	2013
72	检警一体化模式再解读	刘计划	中国人民大学	2013
73	检察机关办案方式的适度司法化改革	龙宗智	四川大学	2013

续表

序号	题名	作者	作者单位	年份
74	供述自愿性的权力保障模式	马静华	四川大学	2013
75	从引证看中国刑事诉讼法学研究	左卫民	四川大学	2013
76	以限制证据证明力为核心的新法定证据主义	陈瑞华	北京大学	2012
77	司法精神病鉴定基本问题研究	陈卫东、程雷	中国人民大学	2012
78	司法证明机理：一个亟待开拓的研究领域	封利强	浙江工商大学	2012
79	逮捕审查制度的中国模式及其改革	刘计划	中国人民大学	2012
80	刑事强制措施体系及其完善	易延友	清华大学	2012
81	自白任意性规则的法律价值	张建伟	清华大学	2012
82	我国刑诉法应增设证据保全制度	张泽涛	中央民族大学	2012
83	刑事诉讼指定管辖制度之完善	龙宗智	四川大学	2012

根据对相关文献年度发文数量的统计分析，可得 2012—2021 年《法学研究》刑诉法学发文量年度分布情况，如图 5-42 所示。

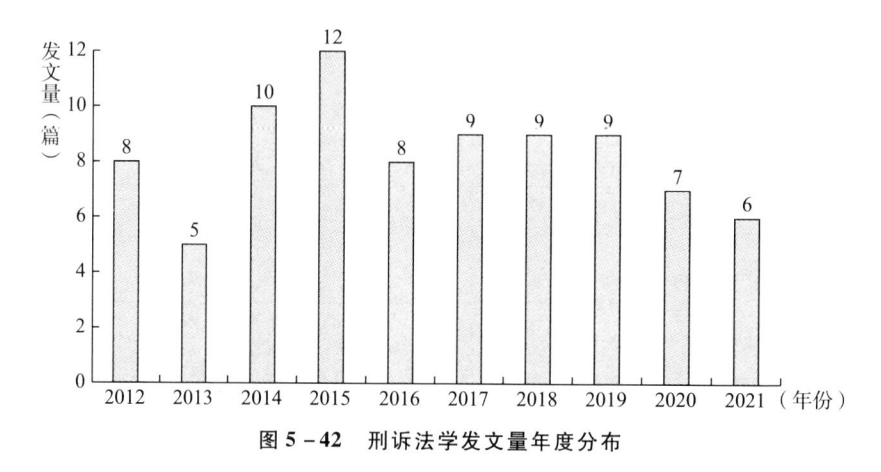

图 5-42 刑诉法学发文量年度分布

由图 5-42 可知，刑诉法学发文量整体较为平稳，年均发文量为 8.3 篇。自 2012 年发文 8 篇后，发文量于 2013 年出现了一次明显下滑，并达到了历史低谷。2014—2015 年，发文量呈快速上升趋势，并在 2015 年达到了峰值，这表明在这一阶段中，《法学研究》愈发重视刑诉法学的研究。2016—2019 年，该领域发文量保持在高位稳定状态，2020—2021 年发文量略有下滑，可以预测，2022 年该领域发文量依然会保持可观的水平。

2. 发文作者情况

统计结果（见表 5-28）显示，在 2012—2021 年《法学研究》刑诉法学的高产作者中，发文量最多的为 7 篇，有 5 位作者的发文量在 3 篇及以上，分别为龙宗智（四川大学，7 篇）、左卫民（四川大学，6 篇）、陈卫东（中国人民大学，4 篇）、陈瑞华（北京大学，3 篇）和程雷（中国人民大学，3 篇）。使用易词云 3.0 软件绘制发文作者词云，如图 5-43 所示。

图 5-43 刑诉法学发文作者词云

表 5-28 刑诉法学高产作者 TOP15

序号	作者	作者单位	发文量（篇）
1	龙宗智	四川大学	7
2	左卫民	四川大学	6
3	陈卫东	中国人民大学	4
4	陈瑞华	北京大学	3
5	程雷	中国人民大学	3
6	刘品新	中国人民大学	2
7	胡铭	浙江大学	2
8	陈如超	西南政法大学	2
9	郭松	四川大学	2
10	朱孝清	最高人民检察院/中国法学会	2

续表

序号	作者	作者单位	发文量（篇）
11	魏晓娜	中国人民大学	2
12	程雷	中国人民大学	2
13	刘计划	中国人民大学	2
14	董坤	最高人民检察院检察理论研究所	2
15	张泽涛	中央民族大学/广州大学	2

依据相关数据，绘制作者职称（学历）分布图，如图 5-44 所示。由图 5-44 可知，在刑诉法学领域的发文作者中，50.6% 的作者职称为教授，36.8% 的作者职称为副教授，具有讲师职称的作者占 4.6%，研究生作者占 5.7%。

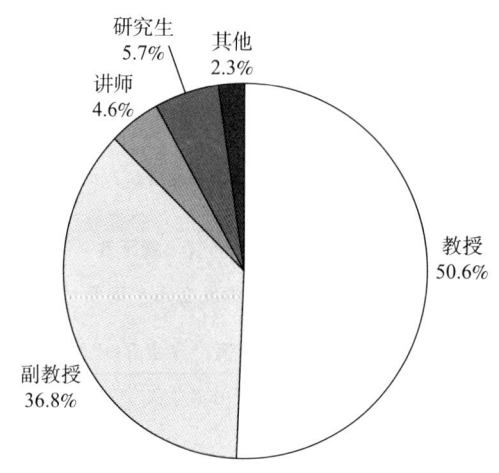

图 5-44 刑诉法学发文作者职称（学历）分布

3. 发文机构情况

笔者整理出了刑诉法学领域发文量排名前 7 的活跃发文机构，如表 5-29 所示，并使用易词云 3.0 软件绘制刑诉法学发文机构词云，如图 5-45 所示。从统计结果可以看到，共有 7 家机构发文量不少于 3 篇。2012—2021 年，在《法学研究》该领域内发文量最多的机构为四川大学（16 篇），随后为中国人民大学（14 篇）、西南政法大学（8 篇）、北京大学（4 篇）、山东大学（3 篇）、浙江大学（3 篇）、最高人民检察院检察理论研究所（3 篇）。刑诉法学的活跃发文机构覆盖传统的一流高校、重点科研机构。排名前2的机构的发文量占该学科总发文量的36.1%，四川大学持续保持刑诉法学发文量冠军地位。

表5-29 刑诉法学活跃发文机构TOP7

序号	发文机构	发文量（篇）
1	四川大学	16
2	中国人民大学	14
3	西南政法大学	8
4	北京大学	4
5	山东大学	3
6	浙江大学	3
7	最高人民检察院检察理论研究所	3

图5-45 刑诉法学发文机构词云

4. 高频关键词情况

对83篇刑诉法学文献的关键词词频作统计分析，可以揭示出刑诉法学论文的内容特征和研究热点。

从图5-46中可以看出，在司法改革、专家辅助人、刑事司法、以审判为中心方面形成了重要的研究区域。它们共同构成2012—2021年《法学研究》刑诉法学研究热点的基本格局。

为了更直观地展示刑诉法学的研究热点，我们使用易词云3.0软件绘制

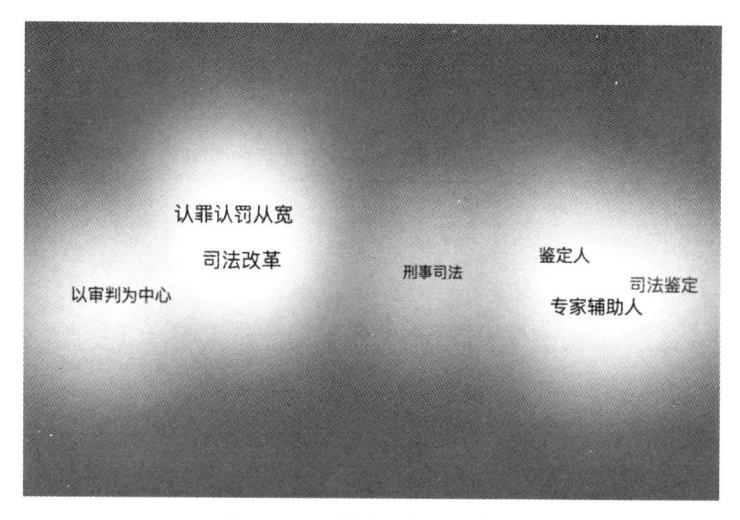

图 5-46　刑诉法学研究热点

刑诉法学关键词词云，如图 5-47 所示。由统计结果可知，出现频次最多的关键词是司法改革（5次）。随后是印证（4次）、认罪认罚（4次）、专家辅助人（4次）、证明标准（4次）、电子证据（3次）、证据规则（3次）、关联性（3次）、鉴定人（3次）、电子数据（3次）、逮捕（3次）、以审判为中心（3次）、司法鉴定（3次）。这表明刑诉法学的研究主要集中在这些主题上。

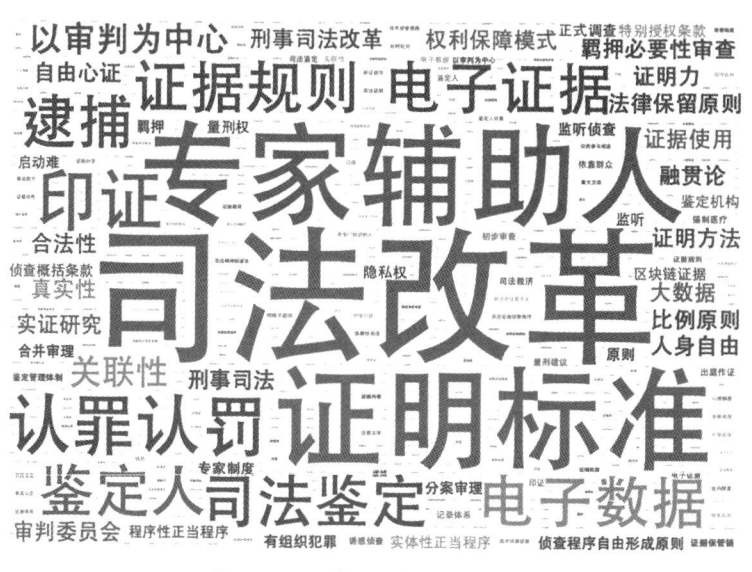

图 5-47　刑诉法学关键词词云

5. 高被引论文情况

截至 2021 年 10 月 1 日，笔者整理了 2012—2021 年《法学研究》刑诉法学被引频次排名前 10 的论文，如表 5 – 30 所示。

表 5 – 30 刑诉法学高被引论文 TOP10

序号	题名	作者	作者单位	年份	被引频次（次）
1	完善认罪认罚从宽制度：中国语境下的关键词展开	魏晓娜	中国人民大学	2016	786
2	认罪认罚何以从宽：误区与正解——反思效率优先的改革主张	左卫民	四川大学	2017	444
3	庭审实质化的路径和方法	龙宗智	四川大学	2015	356
4	检察机关办案方式的适度司法化改革	龙宗智	四川大学	2013	290
5	法官责任制度的三种模式	陈瑞华	北京大学	2015	288
6	以审判为中心的刑事诉讼制度改革	魏晓娜	中国人民大学	2015	280
7	电子证据的关联性	刘品新	中国人民大学	2016	262
8	刑事印证证明新探	龙宗智	四川大学	2017	258
9	逮捕审查制度的中国模式及其改革	刘计划	中国人民大学	2012	249
10	深化改革背景下对司法行政化的遏制	龙宗智、袁坚	四川大学、四川省高级人民法院	2014	239

从表 5 – 30 中可以发现，被引频次居前 10 位的论文的平均被引频次为 345.2 次。被引频次最多的论文是魏晓娜教授在 2016 年发表的《完善认罪认罚从宽制度：中国语境下的关键词展开》一文，被引频次为 786 次。排名第二的是左卫民教授所作并于 2017 年发表的《认罪认罚何以从宽：误区与正解——反思效率优先的改革主张》，被引频次为 444 次。随后是龙宗智教授于 2015 年发表的《庭审实质化的路径和方法》，被引频次为 356 次。

这 10 篇高被引论文的发表时间主要集中在 2015—2017 年，正是刑诉法学研究紧跟时代而蓬勃发展的黄金时期。其中，仅有 1 篇为合著，其余均为独著论文。在这 10 篇论文中，四川大学和中国人民大学的论文占 90%，这可以在一定程度上说明这两个机构在刑诉法学领域的研究实力与影响力。

6. 基金资助情况

在 2012—2021 年《法学研究》该领域 83 篇论文中，基金论文共 59 篇，基金论文比为 71.1%（见图 5-48）。这一水平在全部学科中处于领先地位。

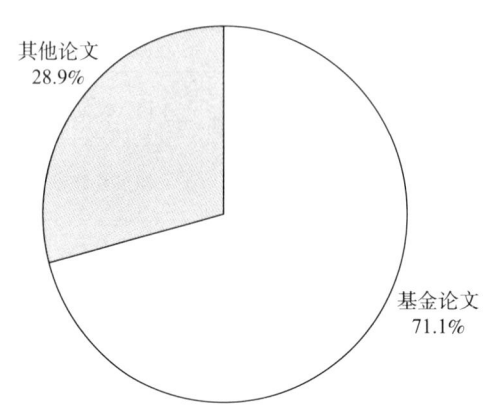

图 5-48 刑诉法学基金论文和其他论文分布

7. 被重要文摘转载情况

笔者选取被《新华文摘》《中国社会科学文摘》《高等学校文科学术文摘》《人大复印报刊资料》《社会科学文摘》转载论文数量这一指标，通过收集《法学研究》该领域被转载论文，并考察其文献特征，分析该领域论文的影响力现状（见表 5-31）。

表 5-31 刑诉法学被"五大文摘"转载论文

序号	题名	作者	作者单位	年份	转载载体
1	证据属性层次论——基于证据规则结构体系的理论反思	郑飞	北京交通大学	2021	《人大复印报刊资料》
2	初查的行政执法化改革及其配套机制——以公安机关"行刑衔接"为视角	张泽涛	广州大学	2021	《人大复印报刊资料》
3	论刑事综合型证明模式及其对印证模式的超越	向燕	西南政法大学	2021	《人大复印报刊资料》
4	中国刑事专家辅助人向专家证人的角色转变	张保生、董帅	中国政法大学	2020	《人大复印报刊资料》
5	刑事诉讼法时间效力规则研究	聂友伦	中国人民大学	2020	《人大复印报刊资料》

续表

序号	题名	作者	作者单位	年份	转载载体
6	专家参与刑事司法的多元功能及其体系化	陈如超	西南政法大学	2020	《人大复印报刊资料》
7	我国刑事上诉制度多元化的建构路径——以认罪认罚案件为切入点	牟绿叶	浙江大学	2020	《人大复印报刊资料》
8	认罪认罚从宽中的特殊不起诉	董坤	最高人民检察院检察理论研究所	2019	《人大复印报刊资料》
9	刑事证据分布理论及其运用	冯俊伟	山东大学	2019	《人大复印报刊资料》
10	电子数据在刑事证据体系中的定位与审查判断规则——基于网络假货犯罪案件裁判文书的分析	胡铭	浙江大学	2019	《人大复印报刊资料》
11	刑民交叉案件中的事实认定与证据使用	龙宗智	四川大学	2018	《人大复印报刊资料》
12	技术侦查证据使用问题研究	程雷	中国人民大学	2018	《人大复印报刊资料》
13	电子证据真实性的三个层面——以刑事诉讼为例的分析	褚福民	中国政法大学	2018	《人大复印报刊资料》
14	认罪认罚案件的证明标准	孙长永	西南政法大学	2018	《人大复印报刊资料》
15	刑事被告人答辩制度之构建	欧卫安	广州大学	2017	《人大复印报刊资料》
16	审判中心论的话语体系分歧及其解决	樊传明	华东师范大学	2017	《人大复印报刊资料》
17	基层法院审判委员会压力案件决策的实证研究	王伦刚、刘思达	西南财经大学、加拿大多伦多大学	2017	《人大复印报刊资料》
18	电子证据的关联性	刘品新	中国人民大学	2016	《人大复印报刊资料》
19	刑事隐蔽性证据规则研究	秦宗文	南京大学	2016	《人大复印报刊资料》
20	审判委员会运行状况的实证研究	左卫民	四川大学	2016	《高等学校文科学术文摘》《中国社会科学文摘》
21	司法鉴定管理体制改革的方向与逻辑	陈如超	西南政法大学	2016	《人大复印报刊资料》
22	分段审查抑或归口审查：羁押必要性审查的改革逻辑	林喜芬	上海交通大学	2015	《人大复印报刊资料》《高等学校文科学术文摘》
23	法官责任制度的三种模式	陈瑞华	北京大学	2015	《人大复印报刊资料》

续表

序号	题名	作者	作者单位	年份	转载载体
24	以审判为中心的刑事诉讼制度改革	魏晓娜	中国人民大学	2015	《新华文摘》
25	省级统管地方法院法官任用改革审思——基于实证考察的分析	左卫民	四川大学	2015	《人大复印报刊资料》
26	死刑控制与最高人民法院的功能定位	左卫民	四川大学	2014	《高等学校文科学术文摘》
27	检警一体化模式再解读	刘计划	中国人民大学	2013	《中国社会科学文摘》
28	我国刑诉法应增设证据保全制度	张泽涛	中央民族大学	2012	《中国社会科学文摘》
29	司法精神病鉴定基本问题研究	陈卫东、程雷	中国人民大学	2012	《新华文摘》

由表5-31可知，在该领域中，被"五大文摘"选择转载的优秀论文共29篇。被转载论文的高频关键词主要有认罪认罚、鉴定人、真实性等。被转载文章数量较多的发文机构为中国人民大学（6篇）、西南政法大学（4篇）、四川大学（4篇）、广州大学（2篇）、中国政法大学（2篇）和浙江大学（2篇）。

（七）国际法学论文

1. 论文产出情况

笔者进行数据整理后，共得到37篇国际法学文献，统计结果如表5-32所示。

表5-32 2012—2021年《法学研究》国际法学论文

序号	题名	作者	作者单位	年份
1	域外管辖的体系构造：立法管辖与司法管辖之界分	宋晓	南京大学	2021
2	《新加坡调解公约》在中国的批准与实施	孙南翔	中国社会科学院国际法研究所	2021

续表

序号	题名	作者	作者单位	年份
3	《海牙判决公约》谈判与知识产权的国际司法合作	何其生	北京大学	2021
4	国际税收协定解释的困境及其纾解	崔晓静	武汉大学	2021
5	WTO《多方临时上诉仲裁安排》：基于仲裁的上诉替代	石静霞	中国人民大学	2020
6	涉外代理关系准据法的确定	林强	清华大学	2020
7	全球金融治理的合法性困局及其应对	廖凡	中国社会科学院国际合作局、最高人民法院	2020
8	涉外知识产权归属的法律适用	阮开欣	华东政法大学	2019
9	一致性解释原则在国际贸易行政案件中的适用	彭岳	南京大学	2019
10	国家在国际造法进程中的角色与功能——以国际海洋法的形成与运作为例	罗欢欣	中国社会科学院国际法研究所	2018
11	我国批准《选择法院协议公约》的问题与对策	刘仁山	中南财经政法大学	2018
12	直接适用的法与相关制度的体系平衡	张春良	西南政法大学	2018
13	公司属人法的确定：真实本座主义的未来	邢钢	北京师范大学	2018
14	论海法	司玉琢、李天生	大连海事大学	2017
15	涉外法律适用的冲突正义——以法律关系本座说为中心	徐鹏	西南政法大学	2017
16	国际私法与民法典的分与合	宋晓	南京大学	2017
17	2016年后反倾销领域中国（非）市场经济地位问题	左海聪、林思思	南开大学	2017
18	法律选择协议效力的法律适用辨释	沈涓	中国社会科学院国际法研究所	2015
19	当代国际私法上的一般性例外条款	陈卫佐	清华大学	2015
20	中国投资协议实体保护标准的自由化和多边化演进	沈伟	上海交通大学	2015
21	国家安全视角下的航行自由	袁发强	华东政法大学	2015
22	国际法院解释领土条约的路径、方法及其拓展	张卫彬	安徽财经大学	2015

续表

序号	题名	作者	作者单位	年份
23	全球金融法的诞生	周仲飞	上海财经大学	2013
24	国际私法中的法律规避制度：再生还是消亡	许庆坤	山东大学	2013
25	现时利益重心地是惯常居所地法原则的价值导向	刘仁山	中南财经政法大学	2013
26	属人法的主义之争与中国道路	宋晓	南京大学	2013
27	系统重要性金融机构监管的国际法制构建与中国回应	袁达松	北京师范大学	2013
28	法院地国家国内法中的冲突规则与国际条约的关系	陈卫佐	清华大学	2013
29	国际法上的大国问题	蔡从燕	厦门大学	2012
30	国际税收透明度同行评议及中国的应对	崔晓静	武汉大学	2012
31	全球经济治理新模式的法治化路径	刘敬东	中国社会科学院国际法研究所	2012
32	从使用武力法看保护的责任理论	黄瑶	中山大学	2012
33	对影子银行加强监管的国际金融法制改革	袁达松	北京师范大学	2012
34	远程在线销售的课税问题与中国的对策	廖益新	上海财经大学	2012
35	碳税制度与国家战略利益	陈红彦	广东商学院	2012
36	涉外民事关系法律适用法若干争议问题	王胜明	全国人大常委会法制工作委员会	2012
37	免于贫困的权利及其法律保障机制	汪习根	武汉大学	2012

根据对相关文献年度发文数量的统计分析，可得2012—2021年《法学研究》国际法学发文量年度分布情况，如图5-49所示。

由图5-49可知，2012—2021年《法学研究》该领域发文量起伏较大，年均发文量为3.7篇。发文量最多的年份为2012年（9篇），2014年与2016年未发文。

2. 发文作者情况

笔者整理出了发文量不少于2篇的5位作者的名单，如表5-33所示。由统计结果可知，在2012—2021年《法学研究》该领域的作者中，发文量较多的作者为宋晓（南京大学，3篇）、崔晓静（武汉大学，

2篇)、刘仁山(中南财经政法大学,2篇)、陈卫佐(清华大学,2篇)、袁达松(北京师范大学,2篇)。使用易词云3.0软件绘制作者词云,如图5-50所示。

图5-49 国际法学发文量年度分布

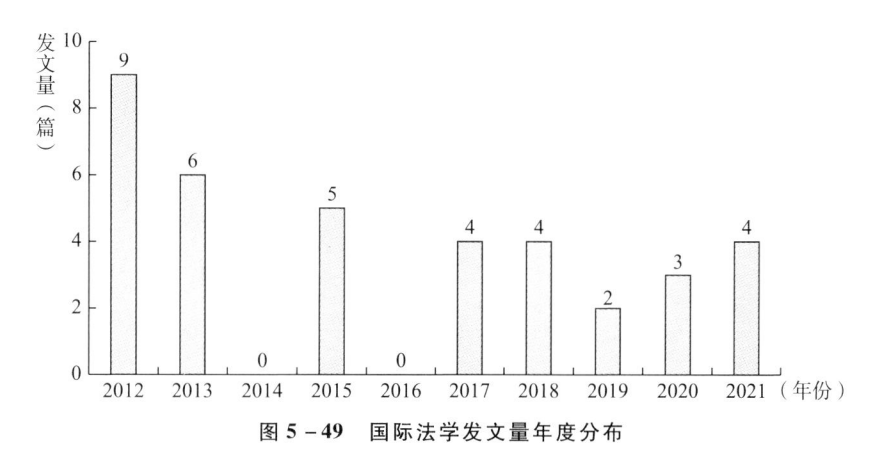

表5-33 国际法学高产作者TOP5

序号	作者	作者单位	发文量(篇)
1	宋晓	南京大学	3
2	崔晓静	武汉大学	2
3	刘仁山	中南财经政法大学	2
4	陈卫佐	清华大学	2
5	袁达松	北京师范大学	2

图5-50 国际法学发文作者

依据相关数据，绘制作者职称（学历）分布图，如图 5-51 所示。由图 5-51 可知，在国际法学领域的发文作者中，具有教授职称的作者占 62.2%，具有副教授职称的作者占 24.3%，具有讲师职称的作者占 5.4%，博士后作者占 2.7%，研究生作者占 5.4%。

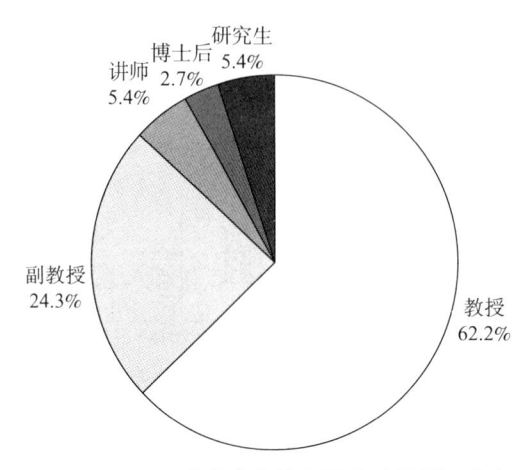

图 5-51 国际法学发文作者职称（学历）分布

3. 发文机构情况

笔者整理出了国际法学领域发文量排名前 9 的活跃发文机构，如表 5-34 所示，并使用易词云 3.0 软件绘制国际法学发文机构词云，如图 5-52 所示。从统计结果中可以看到，该领域内发文量最多的机构为中国社会科学院国际法研究所与南京大学（各 4 篇），各占该领域总发文量的 10.8%，随后为清华大学（3 篇）、北京师范大学（3 篇）、武汉大学（3 篇）、中南财经政法大学（2 篇）、西南政法大学（2 篇）、上海财经大学（2 篇）、华东政法大学（2 篇）。

表 5-34 国际法学活跃发文机构 TOP9

序号	发文机构	发文量（篇）
1	中国社会科学院国际法研究所	4
2	南京大学	4
3	清华大学	3
4	北京师范大学	3

续表

序号	发文机构	发文量（篇）
5	武汉大学	3
6	中南财经政法大学	2
7	西南政法大学	2
8	上海财经大学	2
9	华东政法大学	2

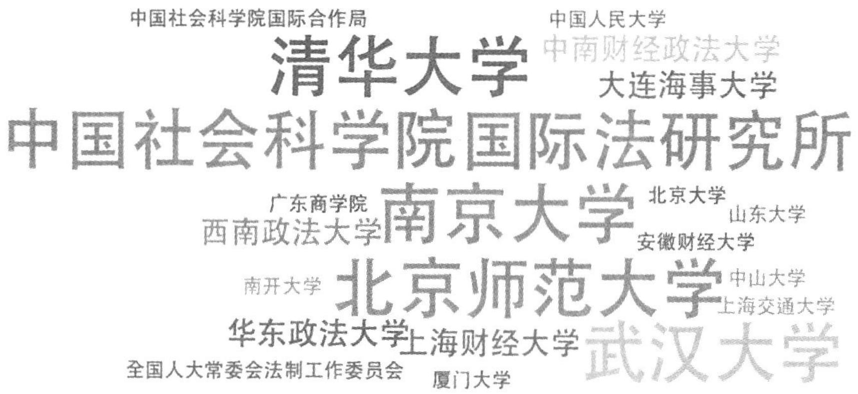

图 5-52 国际法学发文机构词云

4. 高频关键词情况

对 37 篇纳入文献的关键词词频作统计分析，可以揭示出国际法学论文的内容特征和研究热点。

结合修正同义关键词，得到纳入文献的高频（出现频次≥2 次）关键词 12 个。运用易词云 3.0 软件绘制关键词词云，如图 5-53 所示。由统计结果可知，这十年该领域出现频次较多的关键词是涉外民事关系法律适用法（3 次）、全球金融治理（2 次）、软法（2 次）、全球金融法（2 次）、法律适用（2 次）、直接适用的法（2 次）、公共秩序保留（2 次）、冲突规则（2 次）、最密切联系原则（2 次）、国际金融法（2 次）、国际条约（2 次）、国际法（2 次）。

5. 高被引论文情况

截至 2022 年 10 月 1 日，笔者整理了 2012—2021 年《法学研究》国际法学被引频次排名 10 的论文，如表 5-35 所示。

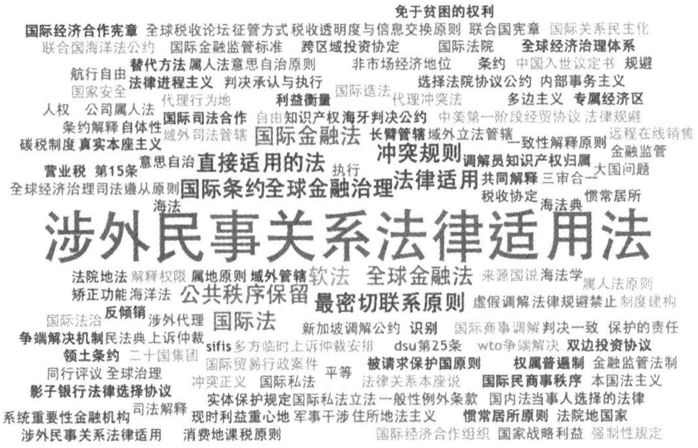

图 5-53　国际法学关键词词云

表 5-35　国际法学高被引论文 TOP10

序号	题名	作者	作者单位	年份	被引频次（次）
1	对影子银行加强监管的国际金融法制改革	袁达松	北京师范大学	2012	178
2	涉外民事关系法律适用法若干争议问题	王胜明	全国人大常委会法制工作委员会	2012	107
3	我国批准《选择法院协议公约》的问题与对策	刘仁山	中南财经政法大学	2018	88
4	国际法上的大国问题	蔡从燕	厦门大学	2012	72
5	免于贫困的权利及其法律保障机制	汪习根	武汉大学	2012	57
6	从使用武力法看保护的责任理论	黄瑶	中山大学	2012	56
7	远程在线销售的课税问题与中国的对策	廖益新	上海财经大学	2012	50
8	国家安全视角下的航行自由	袁发强	华东政法大学	2015	49
9	碳税制度与国家战略利益	陈红彦	广东商学院	2012	47
10	国际税收透明度同行评议及中国的应对	崔晓静	武汉大学	2012	46

从表 5-35 中可以看出，被引频次居前 10 位的论文的平均被引频次为 75 次。被引频次最多的论文是袁达松教授在 2012 年发表的《对影子银行加强监管的国际金融法制改革》一文，被引频次为 178 次。排名第二的是王胜明教授所作并于 2012 年发表的《涉外民事关系法律适用法若干争议问题》，被引频次为 107 次。随后是刘仁山所作的《我国批准〈选择法院

协议公约〉的问题与对策》，被引频次为 88 次。这 10 篇高被引论文全部为独著论文，发表时间主要集中在 2012 年。

6. 基金资助情况

统计结果显示，在 2012—2021 年《法学研究》该领域 37 篇论文中，基金论文共 28 篇，基金论文比为 75.7%（见图 5-54）。

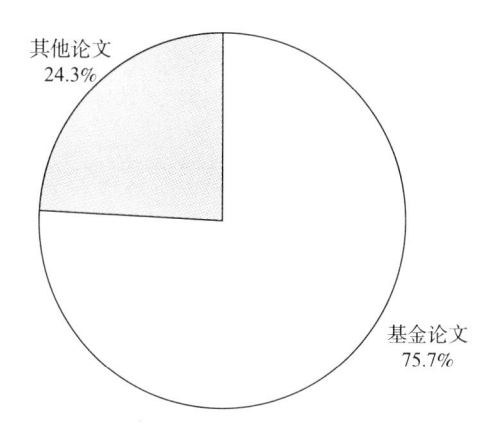

图 5-54　国际法学基金论文和其他论文分布

7. 被重要文摘转载情况

由于该领域论文较少，截至 2021 年 12 月 31 日，仅张卫彬教授于 2015 年发表的《国际法院解释领土条约的路径、方法及其拓展》一文被《人大复印报刊资料》转载。

（八）法律史论文

1. 论文产出情况

笔者进行数据整理后，共得到 45 篇法律史文献，统计结果如表 5-36 所示。

表 5-36　2012—2021 年《法学研究》法律史论文

序号	题名	作者	作者单位	年份
1	成文法背景下的判例实践——近代中国最高审判机构判例汇编与实效	刘昕杰	四川大学	2021

续表

序号	题名	作者	作者单位	年份
2	宋代故事：一种遵循先例制度的考察	张德美	中国政法大学	2021
3	清代君臣的法外施仁博弈	蒋铁初	杭州师范大学	2021
4	陕西紫阳诉讼档案中的清代土地交易规范及其私法理念	汪世荣	西北政法大学	2021
5	近代中国刑事上诉制度的生成及展开	胡震	中国农业大学	2020
6	"御史监察"的历史构造与运转实效	明辉	北京航空航天大学	2020
7	秦及汉初逃亡犯罪的刑罚适用和处理程序	张传玺	中国政法大学	2020
8	论清代刑案诸证一致的证据标准——以同治四年郑庆年案为例	王志强	复旦大学	2019
9	清代州县词讼积案与上级的监督	邓建鹏	中央财经大学	2019
10	晚清西方视角中的中国家庭法——以哲美森译《刑案汇览》为中心	于明	华东政法大学	2019
11	"八议"源流与腹边文化互动	苏亦工	清华大学	2019
12	清代州县讼事中的国家与个人——以巴县档案为中心	汪雄涛	苏州大学	2018
13	清末《新民丛报》与《民报》论战中的"国民"议题	赖骏楠	复旦大学	2018
14	近代中国法学学术团体考证	王灏	中国法学杂志社	2018
15	清律"家人共盗"的法思想源流	谢晶	中国政法大学	2018
16	周秦两汉法律"布之于民"考论	徐燕斌	武汉理工大学	2017
17	《印中搜闻》与19世纪早期西方人的中国法律观	李秀清	华东政法大学	2017
18	唐律中的"余条准此"考辨	刘晓林	吉林大学	2017
19	《大清新刑律》编纂过程中的立法权之争	陈新宇	清华大学	2017
20	西周邦国的法秩序构建：以新出金文为中心	王沛	华东政法大学	2016
21	中国法律传统的经济理性	夏扬	北京师范大学	2016
22	"祖制"的法律解读	朱勇	中国政法大学	2016
23	民国时期公务员惩戒委员会体制研究	聂鑫	清华大学	2016
24	法律继受中的"制度器物化"批判——以近代中国司法制度设计思路为中心	李启成	北京大学	2016
25	"直诉"源流通说辨正	王捷	华东政法大学	2015

续表

序号	题名	作者	作者单位	年份
26	清代讼师贪利形象的多重建构	尤陈俊	中国人民大学	2015
27	孝道：中国传统法律的核心价值	龙大轩	西南政法大学	2015
28	秦汉律所见"质钱"考辨	李力	华中科技大学	2015
29	大清刑律草案签注考论	高汉成	中国社会科学院法学研究所	2015
30	中国唐律研究三十年	王立民	华东政法大学	2014
31	陕甘宁边区判例汇编考略	肖周录	西北工业大学	2014
32	中华法系中"礼""律"关系之辨正——质疑中国法律史研究中的某些"定论"	马小红	中国人民大学	2014
33	资政院弹劾军机案的宪法学解读	聂鑫	清华大学	2013
34	《大清现行刑律》与民初民事法源——大理院对"现行律民事有效部分"的适用	段晓彦	福建江夏学院	2013
35	中国古代审判中的狱贵初情	蒋铁初	浙江财经大学	2013
36	重评礼刑合一的法制构架	赵明	北京航空航天大学	2013
37	国家图书馆周字51号文书辨疑与唐格复原	陈灵海	华东政法大学	2013
38	孟子人性发展观及其法理意义	王凌皞	厦门大学	2013
39	律令法体系向律例法体系的转换	刘笃才	辽宁大学	2012
40	准五服以制罪是对儒家礼教精神的背离	屈永华	中南财经政法大学	2012
41	唐律误杀考	刘晓林	甘肃政法学院	2012
42	明清家族司法探析	原美林	湘潭大学	2012
43	哈尔滨解放区对外侨案件的审理	孙光妍、孔令秋	黑龙江大学、哈尔滨学院	2012
44	八议成制于汉论考	龙大轩	西南政法大学	2012
45	中国古代的代亲受刑现象探析	方潇	苏州大学	2012

根据对相关文献年度发文数量的统计分析，可得2012—2021年《法学研究》法律史发文量年度分布情况，如图5-55所示。

由图5-55可知，法律史学科的发文量波动较大，年均发文量为4.5篇。发文量最多的年份为2012年（7篇），发文量最少的年份为2014年与2020年（各3篇）。2012—2013年，法律史学科的发文量较多；但2014年，发文量下滑；2015—2021年，发文量虽然呈现小幅度波动，但一直维

图 5-55 法律史发文量年度分布

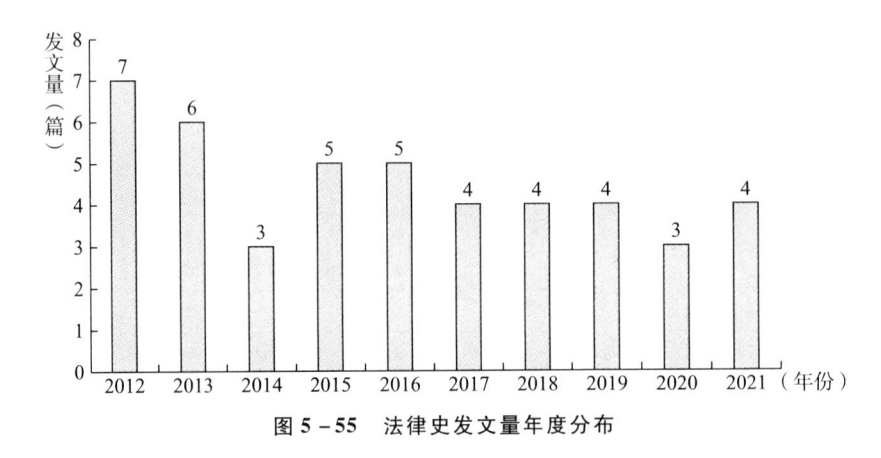

持在可观的水平上。

2. 发文作者情况

笔者整理出了发文量不少于 2 篇的 4 位作者的名单，如表 5-37 所示。由统计结果可知，在 2012—2021 年《法学研究》法律史学科的发文作者中，发文量最多的作者为蒋铁初（浙江财经大学/杭州师范大学，2 篇）、刘晓林（甘肃政法学院/吉林大学，2 篇）、聂鑫（清华大学，2 篇）、龙大轩（西南政法大学，2 篇）。

表 5-37 法律史高产作者 TOP4

序号	作者	作者单位	发文量（篇）
1	蒋铁初	浙江财经大学/杭州师范大学	2
2	刘晓林	甘肃政法学院/吉林大学	2
3	聂鑫	清华大学	2
4	龙大轩	西南政法大学	2

依据相关数据，绘制作者职称（学历）分布图，如图 5-56 所示。由图 5-56 可知，在法律史学科的发文作者中，具有教授职称的作者占 51.1%，具有副教授职称的作者占 33.3%，具有讲师职称的作者占 13.3%，研究生作者占 2.2%。

3. 发文机构情况

笔者整理出了法律史领域发文量排名前 7 的活跃发文机构，如表 5-38 所示，并使用易词云 3.0 软件绘制法律史发文机构词云，如图 5-57 所示。

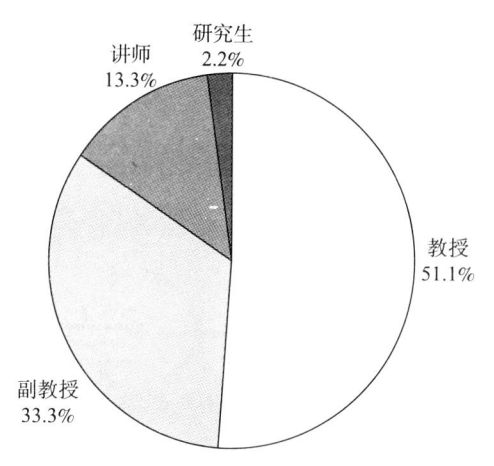

图 5-56　法律史发文作者职称（学历）分布

从统计结果中可以看到，该领域发文量最多的机构为华东政法大学（6篇），占该领域总发文量的13.3%。随后为中国政法大学（4篇）、清华大学（4篇）、北京航空航天大学（2篇）、复旦大学（2篇）、苏州大学（2篇）、西南政法大学（2篇）。

表 5-38　法律史活跃发文机构 TOP7

序号	发文机构	发文量（篇）
1	华东政法大学	6
2	中国政法大学	4
3	清华大学	4
4	北京航空航天大学	2
5	复旦大学	2
6	苏州大学	2
7	西南政法大学	2

4. 高频关键词情况

对45篇纳入文献的关键词词频作统计分析，可以揭示出法律史论文的内容特征和研究热点。

为了更直观地展示法律史学科的研究状况，我们使用易词云3.0软件绘制法律史关键词词云，如图5-58所示。由统计结果可知，出现频次最多的关键词是近代中国、判例汇编、法制转型、清代、周礼、唐律疏议、祖制、

图 5-57 法律史发文机构词云

中华法系（各2次）。

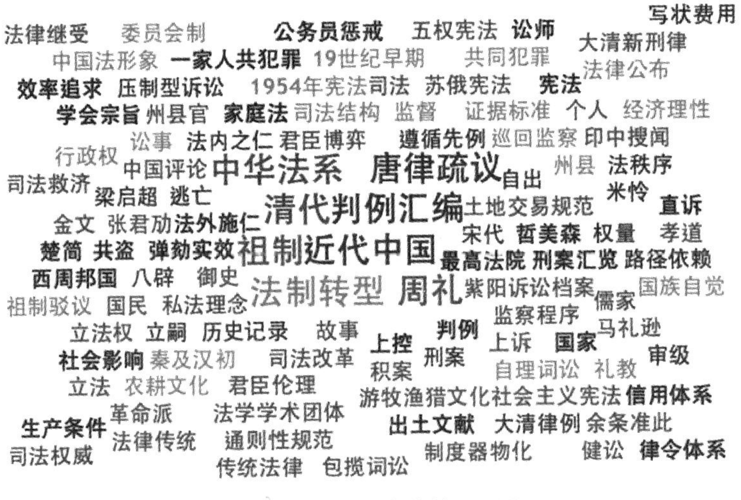

图 5-58 法律史关键词词云

5. 高被引论文情况

截至 2022 年 10 月 1 日，笔者整理了 2012—2021 年《法学研究》法律史学科被引频次排名前 10 的论文，如表 5-39 所示。

表 5-39 法律史高被引论文 TOP10

序号	题名	作者	作者单位	年份	被引频次（次）
1	孝道：中国传统法律的核心价值	龙大轩	西南政法大学	2015	73

续表

序号	题名	作者	作者单位	年份	被引频次（次）
2	中华法系中"礼""律"关系之辨正——质疑中国法律史研究中的某些"定论"	马小红	中国人民大学	2014	48
3	律令法体系向律例法体系的转换	刘笃才	辽宁大学	2012	42
4	《大清现行刑律》与民初民事法源——大理院对"现行律民事有效部分"的适用	段晓彦	福建江夏学院	2013	34
5	清代讼师贪利形象的多重建构	尤陈俊	中国人民大学	2015	31
6	八议成制于汉论考	龙大轩	西南政法大学	2012	19
7	孟子人性发展观及其法理意义	王凌皞	厦门大学	2013	18
8	《大清新刑律》编纂过程中的立法权之争	陈新宇	清华大学	2017	17
9	民国时期公务员惩戒委员会体制研究	聂鑫	清华大学	2016	17
10	中国唐律研究三十年	王立民	华东政法大学	2014	16

从表5-39中可以看出，被引频次居前10位的论文的平均被引频次为31.5次。被引频次最多的论文是龙大轩教授在2015年发表的《孝道：中国传统法律的核心价值》一文，被引频次为73次。排名第二的是马小红教授所作并于2014年发表的《中华法系中"礼""律"关系之辨正——质疑中国法律史研究中的某些"定论"》，被引频次为48次。随后是刘笃才教授发表的《律令法体系向律例法体系的转换》，被引频次为42次。这10篇高被引论文全部为独著论文。

6. 基金资助情况

2012—2021年法律史领域45篇论文中，基金论文共32篇，基金论文比为71.1%（见图5-59）。

7. 被重要文摘转载情况

笔者选取被《新华文摘》《中国社会科学文摘》《高等学校文科学术文摘》《人大复印报刊资料》《社会科学文摘》转载论文数量这一指标，通过收集《法学研究》该领域被转载论文，并考察其文献特征，分析该领域论文的影响力现状（见表5-40）。

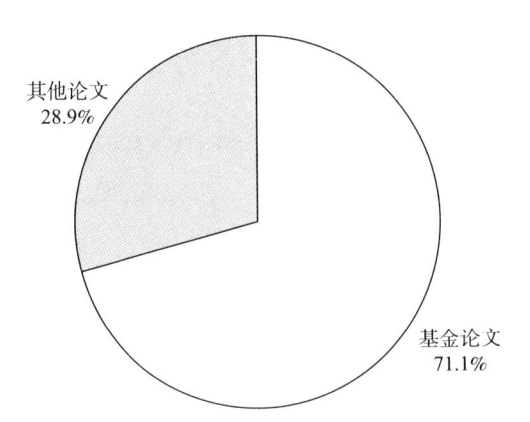

图 5-59 法律史基金论文和其他论文分布

其他论文 28.9%
基金论文 71.1%

表 5-40 法律史领域被"五大文摘"转载论文

序号	题名	作者	作者单位	年份	转载载体
1	成文法背景下的判例实践——近代中国最高审判机构判例汇编与实效	刘昕杰	四川大学	2021	《人大复印报刊资料》
2	宋代故事：一种遵循先例制度的考察	张德美	中国政法大学	2021	《人大复印报刊资料》
3	陕西紫阳诉讼档案中的清代土地交易规范及其私法理念	汪世荣	西北政法大学	2021	《人大复印报刊资料》
4	"御史监察"的历史构造与运转实效	明辉	北京航空航天大学	2020	《人大复印报刊资料》
5	秦及汉初逃亡犯罪的刑罚适用和处理程序	张传玺	中国政法大学	2020	《人大复印报刊资料》
6	"八议"源流与腹边文化互动	苏亦工	清华大学	2019	《人大复印报刊资料》
7	近代中国法学学术团体考证	王灏	中国法学杂志社	2018	《新华文摘》
8	周秦两汉法律"布之于民"考论	徐燕斌	武汉理工大学	2017	《人大复印报刊资料》
9	西周邦国的法秩序构建：以新出金文为中心	王沛	华东政法大学	2016	《人大复印报刊资料》
10	中国法律传统的经济理性	夏扬	北京师范大学	2016	《人大复印报刊资料》
11	"祖制"的法律解读	朱勇	中国政法大学	2016	《人大复印报刊资料》
12	法律继受中的"制度器物化"批判——以近代中国司法制度设计思路为中心	李启成	北京大学	2016	《人大复印报刊资料》
13	清代讼师贪利形象的多重建构	尤陈俊	中国人民大学	2015	《人大复印报刊资料》

续表

序号	题名	作者	作者单位	年份	转载载体
14	大清刑律草案签注考论	高汉成	中国社会科学院法学研究所	2015	《人大复印报刊资料》
15	准五服以制罪是对儒家礼教精神的背离	屈永华	中南财经政法大学	2012	《新华文摘》

由表 5-40 可知，在该领域中，被"五大文摘"选择转载的优秀论文共 15 篇，被转载作者有 15 人。被转载文章数量最多的发文机构为中国政法大学（3 篇）。

（九）小结

本部分对 2012—2021 年《法学研究》各学科的发文情况进行了科学计量与知识图谱分析，绘制了该部分的画像。从分析结果中我们可以得到以下结论。

（1）民法学、民诉法学、知识产权法学与法理学的研究成果最为丰富，这些领域的研究成果占总发文量的约 42%。其他各个学科的发文量并不均衡。

（2）虽然《法学研究》的活跃发文机构主要集中在"五院四系"与一些作为传统法学教研重镇的高校，但目前各领域的研究团队仍然比较分散，尚没有形成大规模的跨机构学术群落，相关研究仍然以独立研究为主。

（3）从研究热点来看，民法学、民诉法学、知识产权法学的研究热点比较突出，主要集中在民法典、诉讼标的等研究主题；法理学的研究热点主要集中在依法治国、法治、司法改革等主题；在刑诉法学领域，认罪认罚研究的关注度最高；但国际法学、法律史、劳动与社会法保障法学的研究热点并不集中，主要表现为"散点研究"。

六　《法学研究》数字化建设

随着 Web 2.0 时代的到来,在媒介融合背景下,研究人员获取信息的需求与方式发生了显著变化,技术性的颠覆力量正在重塑学术期刊的出版范式,学术期刊的载体形式呈现出多样化、数字化的发展趋势。2014 年,中央全面深化改革领导小组第四次会议审议通过了《关于推动传统媒体和新兴媒体融合发展的指导意见》,将媒介融合上升为国家战略。[1] 2015 年,《教育部　国家新闻出版广电总局关于进一步加强和改进高校出版工作的意见》指出,应"依托优质学术资源或优势出版平台,构建统一的学术期刊数字化平台,推动学术期刊数字化升级"。[2] 2019 年,习近平总书记提出,要推动媒体融合发展,完善产业结构升级,鼓励差异化发展策略,推进形成资源集约型模式,从而搭建高效、高质的全媒体传播体系。[3] 2020 年,中宣部副部长张建春在题为《大力实施数字化战略　推动出版强国建设》的主旨讲话中指出,要"把融合发展和数字出版产业作为一个主攻方向"。[4] 在媒介发展、国家政策的推动下,数字化建设成为学术期刊改革发展的一项重要工作。一方面,学术期刊的网站、微信公众号的推广与运营是拓宽读者群、增加浏览量、提高知名度、打造学术品牌的必然选择;另

---

[1] 参见《习近平:推动传统媒体和新兴媒体融合发展》,人民网,http://media.peo-ple.com.cn/n/2014/0818/c120837－25489622.html,最后访问日期:2023 年 2 月 17 日。
[2] 《教育部 国家新闻出版广电总局关于进一步加强和改进高校出版工作的意见》,教育部官方网站,http://www.moe.gov.cn/srcsite/A13/s7061/201802/t20180208_327146.html,最后访问日期:2023 年 2 月 17 日。
[3] 参见习近平《加快推动媒体融合发展 构建全媒体传播格局》,《求是》2019 年第 6 期。
[4] 《第十届中国数字出版博览会在京举行 张建春作主旨讲话提出五方面要求》,国家新闻出版署官方网站,https://www.nppa.gov.cn/nppa/contents/719/75455.shtml,最后访问日期:2023 年 2 月 17 日。

一方面，学术期刊评价体系正在悄然发生变化，以影响因子为核心的评价体系在媒介融合背景下正逐渐得到修正，开始走向特色评价和多元化评价，以弥补传统学术评价的不足。

鉴于此，笔者选定 2012—2021 年《法学研究》自建网站和微信公众号两种当前媒介融合背景下通行的数字化传播渠道，试图考察《法学研究》数字化建设发展现状，分析其存在的问题并探究问题成因，提出可行的发展建议。

（一）《法学研究》数字化建设现状分析

1. 网站建设

（1）网站简况。期刊自建网站是在媒介融合背景下构建学术期刊品牌形象的有效途径，同时也是开展自主数字出版和传播、在线办公业务的重要渠道。学术期刊创建门户网站的目的是借助门户网站这一平台，运用数字媒介发布信息、展示推介、对外沟通与服务，实现刊网融合发展与数字出版。在法学学术期刊中，《法学研究》较早地建立了期刊官方网站与《法学研究》论文数据库，方便读者查阅、检索和进一步传播论文。通过网站发布征稿启事、论坛会议公告等信息，进一步提升数字化建设水平与期刊影响力。

（2）整体表现。自 2015 年《法学研究》门户网站注册至 2021 年 12 月底，访问总量达到 232.47 万次，下载总次数达到 34.87 万次，注册用户数量 8000 余人。在媒介融合环境下，《法学研究》门户网站不断拓展其在新型科研环境下服务学术研究的能力，提高了学术期刊品牌的辨识度与影响力。

《法学研究》门户网站主要数据情况如表 6-1 所示。

表 6-1　《法学研究》门户网站主要数据情况

项目	网站访问量（次）	下载次数（次）	注册用户数量（人）
数值	2324783	348714	8473

资料来源：《法学研究》微信公众号数据支持。

笔者从基本功能、动态信息、开放获取、数字化办公四个维度，分析

《法学研究》门户网站的信息丰富程度、更新及时情况、论文获取状态以及数字化办公等数字化建设情况。通过调研25种法学核心期刊在自建网站上的融合出版表现，呈现我国法学核心期刊融合出版现状与《法学研究》的数字化建设水平，见表6-2。

在网站基本功能即信息丰富程度上，《法学研究》门户网站的栏目设置齐全，网站信息更新及时，基本情况（包括本刊简介、投稿指南、编委会、联系方式、获奖等）较为全面。部分法学期刊网站建设则不尽如人意，栏目设置后缺少内容建设，出现栏目空置现象。

在"期刊动态"方面，25种法学核心期刊中，大多数期刊设有"期刊动态"栏目；在"最近更新"方面，大多数期刊网站信息更新及时。

在论文开放获取方面，《当代法学》《法商研究》《法学家》《法学研究》《法制与社会发展》《国际法研究》《行政法学研究》《华东政法大学学报》《环球法律评论》《清华法学》《政法论坛》《中外法学》12种期刊提供全文下载，《北方法学》《比较法研究》《法律适用》《法学评论》《现代法学》《政治与法律》《中国刑事法杂志》需跳转至中国知网获取全文。其他期刊仅发布标题、作者、摘要、关键词等信息。自建网站不能有效发挥自主传播功能，则会为用户设置使用门槛，不利于刊物内容的及时、广泛传播。《法学研究》采取全文数字出版模式，提供免费全文下载服务，使刊载内容能够及时、广泛传播。《法学研究》官网通过设置"最新一期目录""过刊浏览""文章检索"栏目实现了期刊的数字化传播。"最新一期目录"栏目实现了期刊的数字出版，这主要通过文章正文呈现；"过刊浏览"与"文章检索"栏目是期刊的"电子数据库"，用户可根据年、期查阅，也可以通过标题、作者、关键词、单位名称、摘要等进行检索，免费获取全文内容。在论文获取时间上，《比较法研究》《当代法学》《法律适用》《法商研究》《法学》《法学家》《法学评论》《法制与社会发展》《国际法研究》《行政法学研究》《环球法律评论》《清华法学》《现代法学》《政法论坛》《政治与法律》《中国法学》《中国刑事法杂志》《中南财经政法大学学报》的官网论文与纸质版基本同步。《法学研究》官网论文相对于纸质版稍滞后出版。门户网站的开放获取工作较为完善和规范。

表 6-2 25 种法学核心期刊自建网站建设情况

序号	期刊名称	自建网站	基本功能 基本信息	基本功能 投稿指南	基本功能 征稿启事	基本功能 期刊征订	动态信息 期刊动态	动态信息 最近更新	开放获取 开放内容	开放获取 摘要	开放获取 全文	开放获取 最新一期	文章检索	数字化办公 在线投稿	数字化办公 在线编辑	数字化办公 在线审稿
1	北方法学	√	√	√	√	√	√	√	√	√	CNKI	2018 年第 4 期	/	√	√	√
2	比较法研究	√	√	√	√	√	√	√	√	√	CNKI	2023 年第 2 期	√	√	√	√
3	当代法学	√	√	√	√	√	/	√	√	√	√	2023 年第 2 期	√	√	√	√
4	法律适用	√	√	√	√	/	√	√	√	√	CNKI	2023 年第 4 期	√	√	√	√
5	法商研究	√	√	√	√	√	√	√	√	√	√	2023 年第 2 期	/	√	√	√
6	法学	√	√	√	√	√	√	√	√	√	√	2023 年第 4 期	√	√	√	√
7	法学家	√	√	√	√	√	√	√	√	√	√	2023 年第 2 期	/	√	√	√
8	法学论坛	√	√	√	√	√	/	√	√	√	CNKI	2023 年第 2 期	√	√	√	√
9	法学评论	√	√	√	√	√	√	√	√	√	√	2023 年第 1 期	√	√	√	√
10	法学研究	√	√	√	√	√	√	√	√	√	√	2023 年第 2 期	√	√	√	√
11	法制与社会发展	√	√	√	√	√	√	√	√	√	√		√	√	√	/
12	法律科学(西北政法大学学报)	√	√	√	√	/	√	√	√	√			√	√	√	√
13	国际法研究	√	√	√	√	√	√	√	√	√		2023 年第 2 期	√	√	√	√
14	行政法学研究	√	√	√	√	√	√	√	√	√	√	2023 年第 2 期	√	√	√	√
15	河北法学	√	√	√	√	√	√	√	√	/	/	2019 年第 12 期	/	/	/	/

续表

序号	期刊名称	自建网站	基本功能					动态信息		开放获取					数字化办公		
			基本信息	投稿指南	征稿启事	期刊征订		期刊动态	最近更新	开放内容	摘要	全文	最新一期	文章检索	在线投稿	在线编辑	在线审稿
16	华东政法大学学报	√	√	√	/	√	√	/	√	√	√	2021 年第 6 期	√	√	√	√
17	环球法律评论	√	√	√	√	√	√	√	√	√	√	2023 年第 2 期	√	√	√	√
18	清华法学	√	√	√	√	√	√	/	√	√	√	2023 年第 2 期	√	√	√	√
19	现代法学	√	√	√	√	/	√	√	√	√	CNKI	2023 年第 2 期	√	√	√	√
20	政法论坛	√	√	√	√	√	√	/	√	√	√	2023 年第 4 期	√	√	√	√
21	政治与法律	√	√	√	√	√	√	√	√	√	CNKI	2023 年第 2 期	√	√	√	√
22	中国法学	√	√	√	√	√	√	√	√	√	CNKI	2023 年第 2 期	√	√	√	√
23	中国刑事法杂志	√	√	√	√	√	√	√	√	√	/	2023 年第 2 期	√	√	√	√
24	中南财经政法大学学报	√	√	/	√	√	√	√	√	√	√	2023 年第 2 期	√	√	√	√
25	中外法学	√	√	√	√	√	√	√	√	√	√	2023 年第 1 期	√	√	√	√

注：数据截至 2023 年 6 月 30 日，期刊名称按首字母排序，√表示"有"，/表示"无"，CNKI 表示跳转至 CNKI 获取全文。

期刊协同采编系统是期刊的数字化办公平台，是期刊实现数字化生产和数字化管理的有效手段，作者投稿、专家审稿和编辑办公可在线完成。作者、审稿专家、编辑在该平台上能够实现多向互动与交流：作者可通过采编系统及时了解文章的审稿进度和结果，还能就审稿意见和文章的修改情况及时与专家或编辑交流沟通；编辑可通过采编系统与作者沟通修改文章，与作者共同分析文章中存在的问题，帮助作者进一步提升稿件质量。在稿件采编方面，除《中国刑事法杂志》外，其余拥有自建网站的期刊均实现了在线投审稿，作者能够通过在线投审稿系统实时查询稿件审稿状态。目前，《法学研究》门户网站的协同采编系统，已经成为作者投稿的主要途径。

（3）热文。在《法学研究》门户网站的主页上，下载量排名前15的热文如表6－3所示。《法学研究》门户网站下载量最多的论文为段文波的《起诉条件前置审理论》。发表热文的活跃机构为中国人民大学（4篇）、中南财经政法大学（2篇）。这些论文在门户网站上获得了较多的关注与较大的热度。

表6－3 《法学研究》门户网站下载量TOP15的热文

序号	题名	作者	作者单位	年份
1	起诉条件前置审理论	段文波	西南政法大学	2016
2	法条竞合与想象竞合的区分	张明楷	清华大学	2016
3	多元一统的政治宪法结构——政治宪法学理论基础的反思与重建	张龑	中国人民大学	2015
4	我国老年监护制度的立法突破及相关问题	杨立新	中国人民大学	2013
5	对违反法定程序的司法审查——以最高人民法院公布的典型案件（1985—2008）为例	章剑生	浙江大学	2009
6	法家治国方略与秦朝速亡关系的再考察	屈永华	中南财经政法大学	2007
7	知识产权国际保护制度的变革与发展	吴汉东	中南财经政法大学	2005
8	西方自然法的几个基本问题	吕世伦、张学超	中国人民大学	2004
9	信用证交易中的欺诈例外	何波	北京市高级人民法院	2002
10	事实婚姻的效力	张学军	中国人民大学	2002
11	不方便法院制度的几点思考	奚晓明	最高人民法院民事审判二庭	2002

续表

序号	题名	作者	作者单位	年份
12	侵权行为法的一般条款	张新宝	中国社会科学院法学研究所	2001
13	明清例辨析	王侃、吕丽	吉林大学	1998
14	论行政强制措施	沈开举	郑州大学	1993
15	关于合伙理论与实践的几个问题	魏振瀛	北京大学	1989

使用易词云 3.0 软件，绘制这些热文的关键词词词云，如图 6-1 所示。

图 6-1 《法学研究》门户网站热文关键词词云

2. 微信公众号建设

（1）微信公众号简况。微信公众号的蓬勃发展为学术期刊探索新型融合出版模式，满足不同受众的新型阅读需求，推动学术成果应用转化提供了新路径。在学术信息数字化浪潮下，期刊编辑部通过微信公众号进行学术论文社会化传播，实现期刊与读者和作者的互动，同时整合微信公众号的价值和功能，不断提高推文频率、提升阅读量等，拓宽了学术期刊传播渠道，增强了学术期刊传播影响力。26种法学核心期刊先后开通了微信公众号。大部分刊物微信公众号通过丰富发布内容、精心进行二次编撰、增加更新频次等方式，获得了一定影响力。

（2）整体表现。自2014年《法学研究》微信公众号开通以来，其用户数量、阅读量、点赞量、在看人数均保持稳步增长，发展势头良好。截至2021年12月底，《法学研究》微信公众号共推送583篇图文消息，累计阅读人次为250.1万余次，平均每篇图文消息的阅读人次为4290次，用户数量超过9.66万人。

《法学研究》微信公众号主要数据情况如表6-4所示。

表6-4 《法学研究》微信公众号主要数据情况

项目	用户数量（人）	推文篇数（篇）	累计阅读人次（次）	篇均阅读人次（次）
数值	96643	583	2501152	4290

资料来源：《法学研究》微信公众号数据支持。

从推文类型来看，《法学研究》微信公众号推送的图文消息内容主要包括《法学研究》论文、目录及摘要、会议论坛信息、征稿启事和其他五个类型。其中，论文占82%，目录及摘要占12%，这两项占推文总量的94%（见图6-2）。

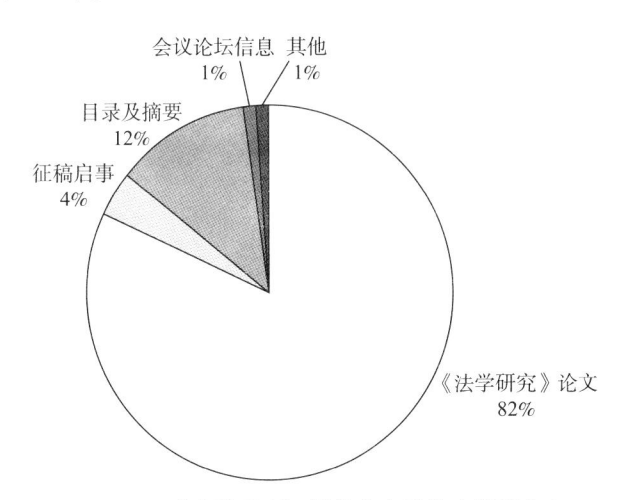

图6-2 《法学研究》微信公众号推文类型分布

（3）热文。截至2021年12月底，在《法学研究》微信公众号推送的论文中，有 45 篇法学论文获得了较多的阅读人次（阅读人次≥5000次）。其中，92.5% 的热文为独著论文。有不少于 2 篇热文的第一作者有 4 位，分别为华东政法大学的王迁教授、北京航空航天大学的王锴教授、山东大学的李忠夏教授和浙江大学的陆青副教授。这些论文在微信公众号上获得了较多的关注与较大的热度。

笔者整理了出现频次排名前 14 的高频关键词，如表 6-5 所示。绘制热文的关键词词云，如图 6-3 所示。

表 6-5 《法学研究》微信公众号热文高频关键词

序号	关键词	频次（次）	序号	关键词	频次（次）
1	基本权利	4	8	传播权	2
2	公开传播权	3	9	向公众传播权	2
3	合宪性审查	3	10	表演权	2
4	民法典	2	11	广播权	2
5	认罪认罚	2	12	比例原则	2
6	国家保护义务	2	13	议行关系	2
7	民主集中制	2	14	议行合一	2

图 6-3 《法学研究》微信公众号热文关键词词云

在 45 篇热文中，阅读人次达到 7000 次的 15 篇热文如表 6-6 所示。

表 6-6　《法学研究》微信公众号阅读人次达到 7000 次的热文

序号	题名	作者	阅读人次（次）
1	"对赌协议"的裁判路径及政策选择——基于 PE/VC 与公司对赌场景的分析	刘燕	17974
2	离婚协议中的"赠与子女财产"条款研究	陆青	15213
3	国家监察体制改革后检察制度的巩固与发展	朱孝清	9648
4	论区块链证据	刘品新	9125
5	党政联合发文的制度逻辑及其规范化问题	封丽霞	9079
6	法律漏洞填补的司法论证	黄泽敏	8703
7	民法典中的动产和权利担保体系	龙俊	8313
8	法学研究新范式：计算法学的内涵、范畴与方法	申卫星、刘云	8086
9	民刑交叉诉讼关系处理的规则与法理	张卫平	8068
10	著作权法中传播权的体系	王迁	7964
11	公司治理中的控股股东及其法律规制	赵旭东	7840
12	基于合意解除合同的规范构造	姚明斌	7564
13	中国民法典总则与分则之间的统辖遵从关系	孙宪忠	7537
14	抽逃出资规则及公司分配制度的系统性改造	王军	7138
15	党内法规体系的形成与完善	孟涛	7010

从单篇热文阅读人次来看，《法学研究》微信公众号阅读人次最多的热文为刘燕的《"对赌协议"的裁判路径及政策选择——基于 PE/VC 与公司对赌场景的分析》，阅读人次为 1.79 万余次。

（二）小结

习近平总书记在主持中共十九届中央政治局第十二次集体学习时指出："我国媒体融合发展整体优势还没有充分发挥出来。要坚持一体化发展方向，加快从相加阶段迈向相融阶段，通过流程优化、平台再造，实现各种媒介资源、生产要素有效整合，实现信息内容、技术应用、平台终端、管理手段共融互通，催化融合质变，放大一体效能，打造一批具有强大影响力、竞争力的新型主流媒体。"① 打造新型主流媒体的方法和思路同样适用于学术期刊。在媒介融合背景下，打造具有强大学术影响力和竞争力的学术期刊，必须以数字化建设为前提，将不同的媒介平台资源和传播渠道关联起来，真正实现"信息内容、技术应用、平台终端、管理手段"的共融互通。

---

① 《习近平谈治国理政》第三卷，外文出版社，2020，第317页。

附录一　投稿须知

1. 所投稿件或其主要内容，必须是未在其他公开出版物以及互联网上使用过。篇幅以 2 万字左右为宜，最长不超过 2.5 万字。

2. 所投稿件必须是署名作者本人实际完成，不存在任何违反学术规范情形，不存在任何知识产权争议。

3. 本刊倡导法学论文发表时独立署名。稿件经初审、外审、二审和发稿会集体讨论通过后，本刊优先安排独著论文的编校和刊发。

除涉及大型社会调研和特殊的跨学科选题的作品外，本刊不刊发三位以上作者的合作署名作品。

本刊不刊发相互间有近亲属关系的作者的合作署名作品。

本刊谨慎对待师生合作署名作品。同一作者在中文核心期刊发表过三篇及以上师生合作署名作品的，或者同一作者在本刊发表过师生合作署名作品的，除合作者完全相同外，本刊不再刊发该作者的师生合作署名作品。

4. 投稿时引注一律采用顺码脚注形式，编号用阿拉伯数字（不加括号）。引注以必要为原则。对观点、事件、数据等资料的引用，需要有权威来源；限制对非学术期刊、报纸、网站资料的引用。引用专著、论文的，需要注明页码；引用报纸的，需要注明版面编号；引用网络资料的，需要注明最新访问日期。

5. 同意《法学研究》编辑部在不改变稿件基本观点和实质性内容的前提下，在刊发前对稿件进行加工修改。

6. 授予《法学研究》对刊用稿件自刊发之日起一年的专有使用权。作者承诺在此期间内未经《法学研究》编辑部书面许可不结集出版。经本刊编辑部许可或者超出专有使用权期限,在其他出版物上发表、转载的,须特别注明"本文首发于《法学研究》＊＊＊＊年第＊＊期"。

7. 授权《法学研究》在所投稿件刊发后,将该文的电子版提交学术期刊光盘版和数据库使用,并许可《法学研究》结集出版(稿酬中已含使用费)。

8. 本刊已通过上级主管机关加入"知网双语出版计划"。根据该计划,中国知网根据其出版标准选译本刊刊发的部分文章放在其外语出版网站(http://jtp.cnki.net/bilingual)。如果您拒绝文章的翻译和发布,敬请在采用时以邮件方式告知责任编辑,否则,我们将视为您同意作品的翻译和发布。

9. 所投稿件如获采用,同意《法学研究》在支付稿酬时代扣代缴国家规定的个人所得税。

10. 本刊不收取审稿费、版面费等任何费用。【特别提醒:骗子的手段、技术都在提高,任何索取审稿费、版面费的邮件、电话,都坚决不要相信。】

附录二 注释体例

一 一般规范

1. 稿件采用脚注。作者用"*"标注，正文采用连续注码，注码放标点之后。投稿时用阿拉伯数字标注，不加括号。
2. 稿件作者通常仅标明所在单位及技术职务，同一作者原则上只标明一个工作单位，最多不超过两个。项目成果保留项目名称及编号。感谢语尽量简化。
3. 引用性注释必须真实、必要。对观点的引用，应注重代表性；对事件、数据的引用，应注重资料来源的权威性。限制对非学术性书籍、非学术性期刊及报纸文章和网络资料的引用。原则上禁止引用未公开发表的资料。
4. 引用书籍、（期刊或文集）论文的，要注明页码范围；引用报纸文章的，要注明文章所在版面序号；引用网络资料的，要注明网址和最新访问日期。
5. 说明性注释以必要为限，并应尽量简化表达。
6. 引用法条的，应括注法律文件通过年份。
7. 外文注释从该文种注释习惯。尽可能避免中外文混用。

二 中文注释

1. 引用书籍的，要标明作者、书名、出版单位、出版年份和页码。作者为两人的，均列明姓名；为三人及以上的，标注为"××（排名首位的作者）等"。作者为机构的，标注机构名。出版单位属两家（含）及以上机构的，分别列明。

2. 书籍属多人合作作品的，可视情况标注为"××主编"、"××编"。多人分章节合作撰写的编著作品，应在注释中页码后括注"××撰写"。

3. 引用译著的，应在作者前括注作者国籍，书名后增加译者。标注顺序为：国籍、作者、书名、译者、出版单位、出版年份和页码。译著本身未标明原著作者国籍，或者未翻译原著作者姓名的，遵照译著。译者为三人或三人以上的，标注为"××等译"。

4. 引用期刊论文的，要标明作者、文章标题、期刊名及期号、页码。作者为两人的，均列明姓名；为三人及以上的，标注为"××（排名首位的作者）等"。作者为机构的，标注机构名；为课题组的，标注为"××课题组"。

5. 引用文集类书刊（含集刊）中论文的，还要按第1条的要求列明该书刊的相关要素。标注顺序为：论文作者、文章标题、书刊作者、书刊名、出版单位、出版年份和页码。其中，论文与书刊之间用"载于"连接。

6. 论文为译文的，应在论文作者前括注作者国籍，文章标题后增加译者。作者国籍不明、作者名原本未译，参照第3条酌情处理。

7. 书籍再版或多次修订的，通常应以最新版次为准，但不要标注"第×版"、"修订版"等。论文被转载、摘录的，应引用最早发表的载体。

8. 对报纸的引用，一般限于信息类、数据类引用。引用报纸上的资料，应同时注重报纸及所引内容的权威性、严肃性和专业性。引用报纸文章，要注明作者、文章标题、报纸名、日期和版面序号。作者确实不明的，可免于标注。

9. 对网络资料的引用，一般限于信息类、数据类引用，对由专业机构正式发布的电子期刊或类似网络出版物的引用，不受此限。引用网络资料，要同时注重网站及所引内容的权威性、严肃性和专业性。引用网络资料，要注明作者、文章标题、网址和最新访问日期。

10. 确需引用未公开发表的作品时，需标注作者、作品名称和页码，并视情况标明"××学校博士论文（××年）"、"××机构工作论文"或"××年印行"。

11. 书名或文章标题为若干词语之并列，且词语之间以空格相间，应视情况在相应空格位置添加顿号、逗号或者中圆点。

12. 非直接引用原文的，注释前加"参见"。非引自原始出处的，注释前加"转引自"。已公开的资料，应引用原始文献，禁用转引。

13. 数个注释引自同一出处的，注释采用"前引〔×〕，××书，第×页"或者"前引〔×〕，××文，第×页"。两个注释相邻的，采用"同上书，第×页"或者"同上文，第×页"。相邻两个注释完全相同的，采用"同上"。

14. 引文出自同一资料相邻页者，只注明首页；相邻数页者，注明"第×页以下"。

三 英文注释

1. 作者姓名以"名前姓后"的顺序书写。多个作者的，在最后两位作者之间用"and"或"&"连接；作者为三人以上，也可只注明第一作者，其后用"et al."（意即 and others）标注。

2. 著作或者文章名使用斜体。著作或文章名的首字母及实体词的首字母须大写。

3. 数个资料引自同一出处的，注释采用："前引〔2〕，××书，第×页"或者"前引〔2〕，××文，第×页"。两个注释相邻的，可采"上引某某书（文），第×页"。

4. 非引自原始出处的，注释前加"quoted from"。应尽量避免转引。

5. 页码用"p."（单页）或"pp."（多页）标注；段落用"para."（单段）或"paras."（多段）标注；卷次用"Vol."标注；版次用"ed."标注。

四 注释例暂略。

附录三　英文注释体例

1. 著作

注明：作者，文献名（斜体），卷次（如有），版次（如有），出版地：出版者，出版时间，页码。

〔1〕F. H. Lawwon & B. S. Markesinis, *Tortious Liability for Unintentional Harm in Common Law and the Civil Law*, Vol. Ⅰ, Cambridge：Cambridge University Press, 1982, p. 106.

〔2〕William L. Prosser, *Handbook of the Law of Torts*, 4th ed., St. Paul, Minn.：West Publishing Company, pp. 244 – 246.

编著在编者姓名后加"（ed.）"（一人）或"（eds.）"（多人）。

〔3〕Joel Feinberg & Hyman Cross (eds.), *Philosophy of Law*, California：Dickenson Publishing Company, 1975, p. 26.

译著在文献名后注明译者。

〔4〕Leo Tolstoy, *What is Art?*, trans., T. Mande, New York：Oxford University Press, 1962, p. 258.

2. 论文

文集文章注明：作者，文献名（斜体），编者，文集名称（斜体），出版地：出版者，出版时间，页码。

〔5〕Robert E. Keeton, *The Basic Rule of Legal Cause in Negligence Cases*, in Joel Feinberg & Hyman Gross (eds.), *Philosophy of Law*, California：Dickenson Publishing Company, 1975, p. 350.

期刊文章注明：作者，文献名（斜体），卷号 期刊简写 页码（年份）。

〔6〕 Richard Wright, *Causation in Tort Law*, 73 Calif. L. Rev. 1735 (1985).

报纸文章注明：作者（不署名文章无此项），文献名（斜体），报纸名称（斜体），出版日期。可注明版别。

〔7〕 Clayton Jones, *Japanese Link Increased Acid Rain to Distant Coal Plants in China*, in *The Christian Science Monitor*, Nov. 6, 1992, p. 4.

3. 判例

注明：判例名，卷号 判例集名称 页码（年份）。可注明多个判例集出处，用逗号分开；可在圆括号中注明法院。

〔8〕 Vincent v. Lake Erie Transp. Co., 109 Minn. 456, 124 N. W. 221 (1910).

4. 辞书

注明：辞书名 页码（版次和出版时间）。

〔9〕 Black's Law Dictionary 402 (8th ed. 2004).

5. 制定法、法律重述、统一法

注明：名称 条款序号（时间）。

〔10〕 U. S. Const. art. 1, sec. 7, cl. 3.

〔11〕 Restatement (Second) of Torts sec. 402A (1978).

〔12〕 U. C. C. sec. 2-203 (1990).

6. 国际组织报告

注明：报告题目（斜体），文件发布机构及编号，发布日期，页码或段落。

〔13〕 United Nation Register of Conventional Arms, Report of the Secretary General, UN General Assembly Document A/48/344, Oct. 11, 1993, para. 3.1.

附录四　匿名审稿制度

第一条　为避免人情稿、关系稿，避免稿件审读工作受到不当干扰，进一步提高刊物稿件质量，本刊实行主编负责制下的匿名审稿制度。

第二条　匿名审稿制度是本刊审稿制度的重要组成部分。专家对稿件的审读意见是本刊最终决定是否采用特定稿件的重要参考。

第三条　设立匿名审稿专家库。专家库由法学各学科著名专家组成。

第四条　下列稿件采用匿名审稿制度：

（一）境外作者的投稿。

（二）著名学者的投稿。

（三）本院学者的投稿。

（四）与编辑存在师生、亲属等特殊关系的作者的投稿。

（五）编辑部认为需要匿名审稿的其他情况。

第五条　采用匿名审稿的稿件，在隐去作者姓名、工作单位及其他有关信息后，由编辑部从专家库中随机抽取两名稿件所涉学科的专家对稿件进行审读。

第六条　采用匿名审稿的稿件，专家审读意见不公开。

第七条　涉及特殊学科、研究对象或研究方法的稿件，编辑部认为有必要聘请特定领域专家审读的，采用专家审稿制度。

第八条　专家审稿比照匿名审稿的程序进行。

图书在版编目(CIP)数据

《法学研究》十年画像：2012-2021/孙思阳著. -- 北京：社会科学文献出版社，2023.11
（《法学研究》专题选辑）
ISBN 978-7-5228-2190-0

Ⅰ.①法… Ⅱ.①孙… Ⅲ.①法学－研究 Ⅳ.①D90

中国国家版本馆 CIP 数据核字（2023）第 141219 号

《法学研究》专题选辑

《法学研究》十年画像（2012—2021）

著　　者 / 孙思阳

出 版 人 / 冀祥德
责任编辑 / 芮素平
文稿编辑 / 齐栾玉
责任印制 / 王京美

出　　版 / 社会科学文献出版社·联合出版中心（010）59367281
　　　　　 地址：北京市北三环中路甲29号院华龙大厦　邮编：100029
　　　　　 网址：www.ssap.com.cn
发　　行 / 社会科学文献出版社（010）59367028
印　　装 / 三河市龙林印务有限公司

规　　格 / 开　本：787mm×1092mm 1/16
　　　　　 印　张：13.5　字　数：219千字
版　　次 / 2023年11月第1版　2023年11月第1次印刷
书　　号 / ISBN 978-7-5228-2190-0
定　　价 / 108.00元

读者服务电话：4008918866

版权所有 翻印必究